LES LANGUES
DU
GÉNÉRAL

Du même auteur

Amis des juifs. Les résistants aux étoiles (en collaboration avec Cécile Leblanc), Paris, Tirésias, 2005.
Hitler à Paris. Juin 1940, Paris, Tirésias, 2010.

www.editions-jclattes.fr

Cédric Gruat

LES LANGUES
DU
GÉNÉRAL

JC Lattès

ISBN : 978-2-7096-3575-2

© 2010, éditions Jean-Claude Lattès.
Première édition : novembre 2010.

« La langue de la République est le français. »

Article 2 de la Constitution

Avertissement

Le moqueur polyglotte est un oiseau d'Amérique du Nord. De couleur grise et blanche, de taille moyenne et d'un poids léger, ce passériforme émet de puissantes notes musicales pouvant durer un long moment. Particulièrement agressif pendant la saison de nidification, il est capable d'attaquer des intrus bien plus gros que lui, chats ou corbeaux, qui tenteraient de s'approcher de son abri. Tenace face à l'ennemi comme dans la chasse, il poursuit sa proie jusqu'à ce qu'il l'ait attrapée. Omnivore, il se nourrit de fruits, de fourmis, de guêpes, d'abeilles, de sauterelles, de vers de terre et de petits lézards. Sa particularité tient au fait qu'il possède le don d'imiter le chant d'autres oiseaux, stratégie qui lui permet d'attaquer plus facilement l'ennemi ou d'attirer les prédateurs loin du nid. Le moqueur polyglotte sait même copier le cri d'animaux tels que le chat ou le chien. Un passereau unique en son genre.

Introduction

Le 6 juin 1954, à l'occasion de la création de l'Union européenne de radio-télévision (UER), le pape Pie XII en personne prononce en direct, devant les caméras de télévision, une déclaration en cinq langues (italien, français, allemand, anglais, néerlandais) dans laquelle il donne sa bénédiction à l'Eurovision. Se félicitant de la naissance d'un réseau européen de télévision, le souverain pontife, polyglotte, catholique et cathodique, émet le vœu que cette invention favorise une meilleure compréhension entre les nations du continent.

Le 30 juin 1966, le président français Charles de Gaulle, qui achève un voyage officiel d'une dizaine de jours en URSS, s'adresse à la population du pays devant les caméras de la télévision soviétique. Dans son message qualifié d'« exceptionnel » et suivi par dix-neuf pays, de Gaulle remercie le peuple russe de son accueil et se félicite du succès de sa visite. À la fin de son allocution, il lance quelques paroles en russe (voir p. 52).

Contrairement au pape Pie XII, le général de Gaulle n'était pas polyglotte, même s'il maîtrisait l'allemand et parlait un peu l'anglais. Pourtant, au cours de sa présidence qui dura de 1958 à 1969, il multiplia les prises de parole en langue étrangère lors de ses nombreux voyages officiels : en allemand lors de sa visite historique outre-Rhin en 1962, en espagnol pendant ses séjours au Mexique et en Amérique latine en 1964, en russe au cours de son déplacement en URSS en 1966, ou bien encore en polonais l'année suivante, en roumain et en turc en 1968... Ces prises de parole en langue étrangère prirent différentes formes : harangues de quelques phrases en direction des populations, allocutions plus longues comme à Mexico, véritables discours d'une dizaine de minutes comme en Allemagne, interventions radiotélévisées à la veille de ses départs ou encore citations d'auteurs locaux placées dans ses discours officiels devant les parlementaires ou les universitaires.

Si les innombrables ouvrages, biographies, études et documentaires consacrés à de Gaulle évoquent parfois ces « langues du Général », c'est généralement sous le sceau de l'anecdote. Leurs auteurs reprennent les formules les plus célèbres telles que « *Es lebe Deutschland !* » ou « *Marchemos la mano en la mano !* » sans mesurer toute la portée de ces prises de parole en langue étrangère, ni en comprendre les véritables enjeux. À les suivre, elles semblent se réduire généralement à la seule fonction d'établir un contact direct et chaleureux avec les populations locales. Rien de plus.

Pourtant, le fait que de Gaulle ait pris soin d'user de ces langues du monde de façon quasi systématique, l'obligeant à se faire conseiller, à s'entraîner à la prononciation de langues qu'il ne maîtrisait pas, puis à apprendre ses textes par cœur de façon plus ou moins phonétique, mérite qu'on s'y attarde davantage. Comment expliquer un tel geste chez un homme toujours soucieux de la défense du français et dont le patronyme renvoie au nom ancien de notre territoire national ? Pourquoi reproduit-il en somme, sur le sol étranger, l'expérience de son exil londonien au cours duquel il fut amené à s'exprimer dans une autre langue que la sienne ? Une contrainte extérieure ou une exigence du protocole de l'époque ? Nullement, le Général agit délibérément et fut, avec le pape, le seul chef d'État à procéder de la sorte. Une coquetterie ou une excentricité de sa part ? Non, plutôt un acte réfléchi relevant d'un principe clair et d'une pensée forte. En tout cas, un phénomène unique en son genre. À l'image du personnage.

La thèse développée dans ce livre repose sur l'idée suivante : l'emploi des langues étrangères lors de ses voyages officiels ne fut pas seulement, chez de

Gaulle, un puissant outil de communication destiné à se faire comprendre directement, et par là même, à se démarquer et à frapper les esprits en tout lieu et en toute latitude, mais avant tout l'expression de la reconnaissance de l'existence et de l'identité de chacune des nations visitées. En ce sens, la « polyglottie » du Général constitua en elle-même un message politique, reflet de sa conception des relations internationales basée notamment sur le principe fondamental du droit des peuples à disposer d'eux-mêmes.

Les archives de la présidence de la République aux Archives nationales et du service du Protocole du Quai d'Orsay nous ont offert d'heureuses découvertes ayant trait à ces voyages officiels transformés en véritables « séjours linguistiques ». Les nombreux documents, rapports, courriers et instructions qu'elles recèlent donnent une vision d'ensemble de l'action des services élyséens et du ministère des Affaires étrangères tant dans le domaine de leurs préparatifs et de leur organisation, que sur des questions aussi diverses que les enjeux du protocole, l'effort de propagande et de médiatisation, les étapes d'écriture des discours prévus, ou bien encore le rôle de ces hommes et de ces femmes de l'ombre que sont les interprètes et les traducteurs.

Ces archives ont été croisées avec celles de l'Institut national de l'audiovisuel (INA) qui nous ont permis, pour leur part, de faire revivre les discours du Général et de leur redonner chair : gestes, voix, accents, ambiances sonores, réactions populaires..., autant d'éléments dont l'image et le son rendent partiellement compte, faisant ressortir la part sensible de l'homme de Gaulle et des autres acteurs de ces événements.

Le plan à rebours adopté dans cet ouvrage, bien peu conforme à l'orthodoxie historique, permet une progressive remontée des eaux vers la source des « langues du Général ». Il nous éclaire ainsi, par étapes successives, sur le sens et les origines de cette démarche babélienne tout à fait unique chez un chef d'État.

Fort comme un Turc

« Les Turcs sont très sensibles à l'usage d'un certain vocabulaire. C'est ainsi que l'expression "les autorités ottomanes" employée récemment par le journal *Le Monde* a créé ici un véritable tollé. Je crois devoir rappeler que les principales formules qu'il importe avant tout d'éviter sont "Constantinople" au lieu de "Istanbul" et "ottoman" à la place de "turc". »

Gontran de Juniac,
ambassadeur de France en Turquie,
21 octobre 1968.

« La politique n'est pas faite que d'accords, elle est aussi faite de sentiments. » Ces quelques paroles prononcées le 28 octobre 1968 en direction des journalistes par le ministre des Affaires étrangères, Michel Debré, sur un ton tout diplomatique, résument assez bien le bilan en demi-teinte du voyage du général de Gaulle en Turquie, dernier déplacement officiel du président de la République française à l'étranger avant son départ précipité du pouvoir le 28 avril 1969 (mis à part celui aux États-Unis pour les funérailles d'Eisenhower en mars 1969). Maigre en termes de résultats politiques – seul un accord de coopération est signé entre les deux pays –, ce voyage est en revanche marqué par l'accueil chaleureux que les responsables et le peuple turcs ont réservé à leur hôte français.

Il faut dire que, de son côté, de Gaulle soigne son entrée en scène. Parce que le spectacle du pouvoir en terre étrangère commence dès la descente d'avion, il est bon de frapper immédiatement les esprits, d'user de symboles forts et d'imprimer sa marque. Aussi, quand, le 25 octobre 1968, il est accueilli sur le tarmac de l'aéroport d'Esenboga par son homologue turc Cevdet Sunay, de Gaulle, bien qu'en tenue militaire, endosse son costume de Magicien, sous le regard des caméras de télévision...

Protocole oblige, les deux hommes, qui se sont vus à Paris en juin 1967, se serrent tout d'abord la main, passent en revue la troupe, puis se dirigent vers une tribune sur laquelle des micros ont été installés. Sunay prononce dans sa langue une courte allocution de bienvenue traduite au fur et à mesure en français par son interprète. De Gaulle écoute attentivement son interlocuteur, son visage est plutôt grave, ses traits marqués par les années. Vient son tour de prendre la parole. Contrairement au chef de l'État turc, il s'exprime sans aucune note. Posément et distinctement, il s'adresse à lui : « Monsieur le Président, je suis très heureux et très honoré d'être ici à votre aimable invitation. Comme vous l'avez dit, monsieur le Président, il y a bien longtemps que la Turquie et la France sont en relation étroite. Comme toutes deux ont été de tout temps aux prises avec l'Histoire, c'est-à-dire avec l'épreuve, ces relations furent variables à mesure des événements. Mais, quoi qu'il soit arrivé, jamais nos deux peuples n'ont cessé de s'estimer et d'être attirés l'un vers l'autre [...] Nous mesurons l'immense transformation qui est en train de s'accomplir chez vous, depuis qu'à l'appel du grand Atatürk votre pays en a fait son premier but national. Et aussi nous savons quelles sont d'une part la volonté d'indépendance de la Turquie, et d'autre part l'importance qu'elle a dans la partie essentielle du monde où elle se trouve située. C'est dire que nous souhaitons que la coopération franco-turque se resserre pour la marche vers le progrès et que nous sommes tout disposés à rapprocher notre politique de la sienne... » Puis, sous le regard mi-amusé, mi-surpris de ses hôtes, de Gaulle achève son intervention en ces termes : « *Samimi dostluklarimla Fransa'nin selamini sunarim.* » (En toute amitié, j'apporte le salut de la France.)

Ces quelques paroles prononcées en langue altaïque ont produit leur effet et détendu l'atmosphère. Applaudi par le président turc tout sourires, de Gaulle ne fait pourtant ici que respecter une habitude toute personnelle et quasi fétichiste qu'il suit à chaque déplacement à l'étranger, consistant à s'exprimer dans la langue du pays d'accueil. Cet usage linguistique assez peu protocolaire, véritable marque de fabrique du Général, confère de façon symbolique à « ce long échalas aux allures de totem [1] », un caractère de « superpuissance » : la langue n'est pas un obstacle pour cet homme qui montre à chaque fois sa capacité de parler toutes les langues en tout lieu et en toute latitude. Comme par magie ou par miracle, la langue de De Gaulle, loin de fourcher, adopte celle de l'État qu'il est venu honorer de sa présence.

Se passant ainsi de l'intercession d'un traducteur, de Gaulle se fait comprendre instantanément et directement. Mais celui-ci compte aussi se montrer et se donner à voir. Car à travers sa personne, c'est l'État et la France qui se déplacent. Le trajet effectué par le cortège présidentiel entre l'aéroport et la capitale turque lui en offre l'occasion. Comme le relate l'ambassadeur de France à Ankara, Gontran de Juniac, « on peut évaluer à 200 000 personnes au moins le public d'Ankara qui a réservé […] au

---

[1]. Jean-Pierre Rioux, *De Gaulle : la France à vif.*

général de Gaulle un accueil très chaleureux. De l'avis même des hauts fonctionnaires turcs avec qui j'étais en contact, cette réception est sans précédent. Elle dépasse de très loin par son ampleur et son enthousiasme celles réservées aux visites récentes de chefs d'État [...]. De 8 à 10 kilomètres avant Ankara jusqu'au quartier résidentiel de Çankaya situé de l'autre côté de la ville, la foule formait un double cordon ininterrompu. Le public pressé sur plusieurs rangs bien avant le centre constituait une foule très dense au cœur de la ville, près de la statue de Kemal Atatürk. Les applaudissements étaient tels que le général de Gaulle est resté debout dans sa voiture découverte pendant toute la traversée d'Ankara. L'allure était extrêmement lente et souvent le cortège automobile progressait au pas. Le général de Gaulle a fait arrêter sa voiture pour serrer des mains dans la foule. Il a fallu près d'une heure et demie pour parcourir 30 kilomètres ».

La grande taille du Général (environ 1,90 m) représente un atout non négligeable dans le dispositif de mise en scène du pouvoir politique. Non content d'être visible aux yeux de tous et de constituer le point central du spectacle, de Gaulle se donne (verticalement) à voir sous les traits de la hauteur faite de grandeur, de prestige et d'autorité. S'il respecte le protocole, il sait aussi l'enfreindre ou s'en servir lorsqu'il décide de faire arrêter le cortège officiel afin d'entrer en contact avec celles et ceux venus le saluer le long de la route. En rompant avec cet ordre protocolaire, de Gaulle cherche moins à se montrer proche du peuple qu'à prendre « langue » avec celui-ci, l'homme étant sincèrement friand des bains de foule et des rapprochements physiques.

S'adresser directement à la foule fait partie des habitudes du président français. Pourtant, contrairement aux voyages précédents, sa visite en Turquie ne prévoit pas au programme d'allocution directe en direction de la population. Le gouvernement turc s'y est opposé, tout comme il a émis des réserves au projet de discours dans l'enceinte de l'Assemblée nationale d'Ankara. Le régime turc « ne souhaite pas consacrer définitivement une tradition selon laquelle les chefs d'État en visite en Turquie parlent à l'Assemblée nationale. M. Bourguiba y avait, en effet, tenu des propos qui avaient déplu aux autorités turques et, tout récemment, M. Kossyguine avait beaucoup insisté pour y prendre la parole. Satisfaction lui avait été donnée mais les autorités turques avaient pensé que c'était la dernière fois qu'elles souscrivaient à une demande de cette nature ». À cela s'ajoute le fait que le parlement turc se trouve en vacances en cette période de l'année et que sa réunion en séance extraordinaire implique trop de tracas pour les organisateurs.

À défaut de pouvoir s'adresser à la foule ou aux parlementaires, de Gaulle doit se contenter de répondre au toast du Premier ministre, Demirel, après le déjeuner organisé en son honneur dans les salons de l'Assemblée nationale à Ankara. La scène se déroule le 26 octobre à 14 h 30. À l'image des paroles tenues la veille au palais présidentiel, de Gaulle convoque l'Histoire et Atatürk, souligne la « sympathie multiséculaire qui existe entre [leurs] deux pays ». Mais ses propos se veulent aussi plus politiques : la France et la Turquie sont résolues à sauvegarder leur intégrité et leur indépendance, à soutenir la détente et l'entente entre les nations, autant de thèmes chers au président français.

Le 27 octobre, au lycée Galatasaray d'Istanbul (lycée francophone fondé sous l'Empire ottoman en 1868 avec le soutien de Victor Duruy, alors ministre de l'Instruction publique) et en présence du ministre turc de l'Éducation nationale, de Gaulle s'exprime cette fois en direction d'un auditoire de cinq cents personnes composé de professeurs et d'élèves. Le cadre impose un discours davantage axé sur la culture, la coopération intellectuelle et la recherche scientifique. Évoquant la signature prochaine entre les deux gouvernements d'un accord de coopération technique, de Gaulle émet le vœu que celui-ci s'accompagne d'un développement de l'enseignement du français en Turquie et de l'enseignement du turc en France.

Après une visite touristique de la ville d'Istanbul (palais de Dolmabahçe, ancienne résidence des sultans, promenade en bateau sur le Bosphore, Topkapi, mosquées de Sainte-Sophie et du sultan Ahmet), de Gaulle reprend le chemin d'Ankara. Le 29, il rencontre la colonie française à l'ambassade, se rend à l'Assemblée à l'occasion de la fête nationale turque (le 29 octobre 1923 marque en effet la proclamation de la République et l'élection de Mustapha Kemal comme président), puis assiste à un défilé militaire.

Enfin, à 16 heures, il s'adresse au peuple turc sous la forme d'une allocution radiotélévisée de quelques minutes enregistrée dans la résidence où il séjourne. Assisté d'un traducteur qui se tient à ses côtés, le président français fait preuve de pédagogie en rappelant le but de son voyage (apporter le très cordial salut de la France, favoriser la coopération et resserrer les liens) puis félicite le peuple turc de sa « vitalité », du développement et des transformations du pays. Avant de conclure : « Votre généreuse hospitalité et l'accueil si émouvant que vous m'avez fait, notamment à Ankara, grande capitale, et à Istanbul, ville illustre entre toutes, impressionnent vivement le peuple français, votre ami, et me laissent à moi-même un

souvenir inoubliable. » Et de Gaulle d'ajouter :
« *Sevgili Türk dostlarimiz, Fransizlarin adina her birinize ve vataniniza mutluluk ve bereket dileklerimi sunarim. Teşekkürler ! Talihiniz açik olsun ! Yaşasin Türkiye !* » (Chers amis turcs, à chacun de vous, en même temps qu'à votre patrie, j'adresse de tout cœur, au nom des Français, mes vœux de bonheur et de prospérité. Merci ! Bonne chance ! Vive la Turquie !)

Ainsi, de Gaulle l'Illusionniste boucle la boucle. Lui qui, quatre jours plus tôt, a prononcé quelques mots en turc à son arrivée à Ankara, voici qu'il réitère dans le cadre de sa dernière allocution. Un ton paternaliste mais dans la langue maternelle du pays. Quelques formules exclamatives bien senties qui ne répondent pas aux paroles de bienvenue du président Sunay, mais qui s'adressent cette fois à des millions de Turcs écoutant la radio ou regardant la télévision.

Déjà, dix ans plus tôt, en 1959, dans un essai antigaulliste assez décapant intitulé *Le Style du Général*, Jean-François Revel mettait en avant (avec une certaine ironie) la magie du verbe de De Gaulle par sa capacité à donner, à un lieu visité, une impression de grandeur ou un caractère bénéfique par sa seule présence, ses seules paroles ou sa seule prise en considération : « Comme de Gaulle contient en lui une substance d'une excellence particulière, le fait même qu'une réalité, fût-elle en elle-même banale, soit reconnue par cette substance précieuse, l'élève, l'exhausse, la fait participer à cette substance. Lorsqu'il nomme, lorsqu'il constate des choses évidentes, nous assistons à la généreuse diffusion de sa substance sacrée vers des êtres qu'il veut bien toucher de son verbe. »

En qualifiant Ankara de grande capitale et Istanbul de cité illustre, de Gaulle rehausse ces villes en leur donnant l'illusion de jouer un rôle essentiel dans le destin du monde. Mais dans cette magie ou divination du verbe, le vieil homme va encore plus loin puisqu'il adopte la langue de celles et de ceux qui l'écoutent, et s'adresse, par l'ubiquité médiatique, à chacun d'entre eux.

Comment les foyers turcs réagirent-ils à cette ultime prestidigitation du président français ? Furent-ils flattés, étonnés, impressionnés par ses efforts pour s'exprimer dans leur langue, considérée comme difficile, fortement agglutinante et utilisant un système complexe d'harmonie vocalique ? À dire vrai, on l'ignore.

Tout comme on ignore la réaction de De Gaulle à la lecture de cet étonnant document conservé aujourd'hui dans les archives de la présidence de la République. Il s'agit d'un portrait du président réalisé par une jeune élève de 8e de l'école française de Notre-Dame-de-Sion à Istanbul (elle s'appelle Kalo Bahar) dans le cadre de sa visite en Turquie. Accompagné d'un dessin représentant de Gaulle et Mustapha Kemal, le texte en question est écrit dans un style et une langue bien maîtrisés mais avec un ton d'une grande liberté :

« Installé depuis près d'un quart de siècle au premier plan de l'Histoire, dominant de sa stature les événements et les êtres au risque de les mal comprendre et d'être mal compris par eux, il respire aujourd'hui à Paris, à des milliers de kilomètres de nous, sensible comme nous aux saisons, astreint comme nous au vieillissement, soumis comme nous à la mort. C'est un homme dont tout le monde parle et sur lequel tous, ou presque, se contredisent. Preuve que tous le connaissent mais qu'il demeure cependant un inconnu pour chacun. La moitié de l'univers le suspecte, tout en figurant de l'ignorer, une autre moitié l'adule, sans montrer peut-être plus de sincérité... »

Poursuivant par quelques remarques sur la politique intérieure et extérieure du Général, le portrait s'achève en ces termes : « Nous souhaitons que l'homme démesuré, dans le bien comme dans le trouble, dans la perception fulgurante des vérités nécessaires comme dans la méconnaissance de leurs humbles supports humains, que cet homme, redevenant fidèle à ce qu'il aurait voulu être, ayant abdiqué ses haines, ses rancœurs, ses déceptions, puisse rétablir l'harmonie entre ce qu'il veut, ce qu'il doit et ce qu'il peut. Puisse-t-il affronter sans appréhension le jugement de l'Histoire et apaiser la France laquelle en a tant besoin. »

La sœur latine

« Il incombe à votre poste d'établir, selon l'usage, les projets des allocutions que le président de la République prononcera pendant sa visite officielle en Roumanie. Je vous serais obligé de me faire parvenir, pour la fin du mois de mars au plus tard :
— un projet d'allocution à l'arrivée
— deux projets d'allocution pour les réceptions offertes du côté roumain (dont l'un de caractère politique)
— un projet d'allocution devant l'Assemblée nationale
— un projet d'allocution à prononcer lors de la visite à l'université de Bucarest
— un projet d'allocution pour la manifestation publique prévue à Craiova
Le président de la République souhaitant pouvoir prendre la parole à la radiotélévision, si les autorités roumaines en sont d'accord, vous voudrez bien également préparer un projet pour cette éventualité. »

Instructions du Quai d'Orsay
à l'ambassadeur de France
en Roumanie, 28 février 1968.

Le 3 mai 1968, une curieuse conversation se déroule à l'Élysée :

— Vous m'avez envoyé des citations, j'en ai retenu trois... : « *mult e dulce si frumoasa limba ce vobim !* » (tant est belle et douce la langue que nous parlons !)

Il levait les yeux à chaque mot pour s'assurer qu'il prononçait bien. Je le corrigeai doucement. Il répétait après moi.

— Ensuite, dit-il, ce sera « *sa traiesti, ţara frumoasa* » (je te salue, beau pays).

Il prononça « tara », j'ai dit « tzara », comme Tristan Tzara.

— C'est écrit avec un « t », dit-il.

— Oui, mais il y a une cédille sous le t, c'est pourquoi on prononce « tz ».

— Et puis encore celle-ci : « *Haî sa dam mâna cu mâna* » (allons, donnons-nous la main).

— « Je leur dirai cela à Craiova, n'est-ce pas, c'est un peu... enfin... populaire, je le leur dirai au milieu de la foule, n'est-ce pas » et il fit un grand geste de ses deux bras à moitié tendus en avant, comme pour s'adresser à un vaste public autour de lui... « Je leur dirai en roumain ces quelques phrases, à l'aéroport et aussi à l'université... comme cela, pour leur faire plaisir [1]. »

---

1. Sanda Stolojan, *Avec de Gaulle en Roumanie*.

En vue de la préparation de son voyage en Roumanie, de Gaulle reçoit dans son bureau Sanda Stolojan. Issue d'une famille de diplomates et d'écrivains roumains, Sanda Stolojan vit en France où elle exerce le métier d'interprète. Convoquée par les services élyséens dès avril 1968, elle apprend qu'elle accompagnera le président en Roumanie et qu'elle sera chargée de traduire ses entretiens privés avec Ceauşescu. En attendant, on lui a demandé de fournir quelques citations roumaines que de Gaulle pourrait utiliser dans les discours en cours de rédaction. Elle doit également traduire les allocutions que le président met au point, ce qui l'amène à travailler avec son chef de cabinet et à discuter avec lui des changements à apporter aux textes. Le 3 mai, à l'Élysée, c'est en tant que professeur et répétitrice qu'elle a été appelée auprès du Général.

Onze jours après cette leçon de langue, de Gaulle pose le pied sur le sol roumain en compagnie de sa femme Yvonne. Le couple est accueilli à l'aéroport de Baneasa par le président du Conseil d'État de la République socialiste de Roumanie, Nicolae Ceauşescu, qui prononce une traditionnelle allocution de bienvenue traduite simultanément à de Gaulle par son interprète placé derrière lui. Après quelques paroles de remerciement et d'expression de joie en direction de son interlocuteur faites en français, de Gaulle lance : « *Tuturor Românilor le aduc astăzi salutul pe care toți francezii li-l trimit din toată inima. Trăiască România!* » (À tous les Roumains, j'apporte aujourd'hui le salut que tous les Français leur adressent du fond du cœur. Vive la Roumanie!). La foule présente à l'aéroport applaudit chaleureusement l'hôte français.

Si pour de Gaulle, ce voyage est l'occasion de réaffirmer les liens culturels anciens qui unissent la France et la Roumanie – deux pays de langue latine –, il s'agit également d'encourager et de soutenir la politique étrangère de Ceaușescu axée sur l'affirmation d'une voie originale vers le socialisme et d'une ligne (plus ou moins) indépendante vis-à-vis de Moscou. C'est ainsi que la Roumanie est le seul pays du pacte de Varsovie à avoir établi des relations diplomatiques avec la République fédérale d'Allemagne en 1967, bravant la discipline du camp soviétique.

Dès sa prise de parole du 14 mai à l'occasion d'une réception donnée en son honneur par Ceaușescu à Bucarest dans les salons du Conseil d'État, de Gaulle annonce la couleur : « Comment admettre que puisse durer, pour des pays aussi chargés de raison et d'expérience que le sont ceux de notre Europe, une situation dans laquelle beaucoup d'entre eux se trouvent répartis entre deux blocs opposés, se plient à une directive politique, économique et militaire provenant de l'extérieur, subissent la présence permanente de forces étrangères sur leur territoire ? Non ! Chez vous comme chez nous, on considère que, de cette guerre froide succédant au partage de Yalta, il ne saurait résulter qu'une séparation artificielle et stérile […] ; que cela est contraire à la nature de l'Europe […] ; qu'en conséquence il n'y a plus pour elle d'idéologies ni d'hégémonies qui vaillent en comparaison des bienfaits de la détente, de l'entente et de la coopération entre toutes les parties d'elle-même. »

Refus de la logique des blocs et d'un monde bipolaire, rejet de toute intervention étrangère dans les affaires intérieures des États, conviction que les idéologies et les régimes ne sont que transitoires, telles sont résumées ici les principales orientations de la politique étrangère gaullienne. Avec comme corollaire l'affirmation de la primauté de l'intérêt national, c'est-à-dire de l'indépendance nationale, et donc du droit des peuples à disposer d'eux-mêmes. En plaçant quelques paroles roumaines dans ses interventions, de Gaulle véhicule un message clairement politique tendant à reconnaître la souveraineté de son partenaire par le biais de la langue.

Des discours politiques forts comme celui du 14 mai, de Gaulle en prononce un autre dès le lendemain dans l'enceinte de l'Assemblée nationale. Le protocole prévoit que de Gaulle prenne la parole devant les députés après quelques mots de bienvenue du président de l'Assemblée, Stefan Voitec : « La traduction des discours sera simultanée [...] Des écouteurs seront à la disposition des auditeurs [...] Il sera donc demandé à l'interprète du général de Gaulle de traduire simultanément son discours. » En dépit de quelques inversions par rapport au texte écrit, le discours de De Gaulle – assez long et déclamé sans papier – est plutôt réussi : très engagé, il condamne « la situation menaçante et stérile où le système des blocs opposés maintient aujourd'hui l'Europe » et soutient clairement la « direction que la Roumanie a choisi de prendre ». De Gaulle fait ici référence à la politique du gouvernement roumain qui cherche depuis 1965 à se dégager de l'emprise soviétique et à prendre la voie d'un communisme plus national.

Le déjeuner servi peu de temps après à l'ambassade de France est suivi d'une réception en présence de la colonie française de Bucarest, une réception à propos de laquelle des instructions claires ont été données dès le mois d'avril par le service du protocole à l'ambassadeur de France : les femmes devront porter un chapeau, on n'offrira pas de whisky avant le déjeuner, seuls seront servis des apéritifs envoyés de Paris, avec les vins, les liqueurs et les cigarettes. En ce qui concerne le service du déjeuner, il a été recommandé de pouvoir disposer de vingt serveurs, répartis comme suit : huit serveurs présentant les plats, doublés de huit autres pour les légumes et les sauces, ainsi que quatre sommeliers. Le repas prévoit d'être constitué de saumon de la Loire en bellevue (plat froid où la chair du poisson est mise en valeur par un lustrage de gelée), de longe de veau forestière, de salade, de fromages et d'un sorbet au citron, le tout arrosé d'un chablis premier cru 1964, d'un château Haut Brion 1961 et d'un Heidsieck Diamant bleu 1961. Quant à la réception de l'après-midi, où l'on attend près de trois cents personnes, le service doit se faire par plateaux et proposer canapés et boissons.

Après ces festivités, de Gaulle part pour la ville de Craiova où il visite successivement l'usine Electroputere fabriquant des locomotives, le combinat chimique d'Isalnita et une centrale thermique. Le 16 mai, à 16 h 30, un grand meeting populaire rassemblant plusieurs milliers de personnes se tient sur la grande place de Craiova où un podium a été installé. Au dire de Sanda Stolojan, Ceauşescu prononce un discours interminable (contrairement à de Gaulle, Ceauşescu était un très mauvais orateur). Puis de Gaulle s'adresse à la foule « librement ». « Quand il prononce en roumain "allons, donnons-nous la main", ce fut comme un déclic : un rayon de soleil fait son apparition. La foule jusque-là remuante mais docile pousse de grands hourras [1]. »

---

1. Sanda Stolojan, *op. cit.*

Faisant partie de la suite présidentielle tout comme Sanda Stolojan, l'interprète Michel Sturdza se souvient parfaitement du discours de Craiova. Né en 1934 en Roumanie, ce licencié ès lettres de la faculté de Bucarest a commencé à travailler dans un bureau d'études relevant du ministère roumain de l'Industrie chimique en qualité de traducteur. Fuyant le régime communiste, il arrive en France en 1964 et se fait engager par la Régie nationale des usines Renault comme interprète et traducteur technique (anglais-français). Après une année de cours d'interprétariat à l'École des hautes études commerciales, il devient agent contractuel pour le Quai d'Orsay. Parlant couramment l'anglais, le français, l'allemand, l'italien et le roumain (et un peu le russe), il accompagne de Gaulle en Roumanie en tant que traducteur de ses discours. Comme le précise Sanda Stolojan dans son ouvrage, « pour les discours qu'il allait prononcer en public, le chef de l'État, en vrai militaire, désirait être rendu par une voix masculine, ce qui valut à mon ami Mihai Sturdza d'être engagé à son tour ». Ainsi, les rôles sont partagés : à Sanda Stolojan le soin de servir d'interprète lors des discours privés, à Mihai Sturdza celui de traduire en roumain les allocutions formulées par de Gaulle en public.

Peu expérimenté, Mihai Sturdza fut plutôt surpris d'être choisi par la présidence de la République pour faire partie du voyage. Il apprit par la suite que les services français avaient approché avant lui deux autres interprètes qui furent rapidement écartés, l'un en raison de ses activités anticommunistes, l'autre pour s'être précipité à l'ambassade roumaine à Paris afin d'y proposer ses services. À l'issue d'une discrète enquête menée sur sa personne par la police, Mihai Sturdza fut finalement choisi pour sa neutralité, sa discrétion et la confiance qu'on pouvait lui accorder. Autant de qualités nécessaires pour exercer le métier d'interprète, dont la fonction principale, selon l'intéressé, consiste à faire office de « meuble »[1].

Pour le jeune interprète, ce voyage fut une étape importante dans sa carrière professionnelle et une expérience inoubliable. Surveillé de près par les services roumains, il put constater sur place la paranoïa du régime obsédé par la manie de l'espionnage incarné par sa police secrète, la *Securitate*. Celle-ci n'hésita d'ailleurs pas à approcher certains membres de la délégation française pour leur soutirer des informations ou bien encore à essayer d'imposer ses propres interprètes jugés moins suspects que ceux accompagnant de Gaulle.

Si l'on suit toujours Mihai Sturdza, le discours de Craiova fut en partie improvisé par le président

---

1. Informations tirées d'un entretien de l'auteur avec Mihai Sturdza.

français. Quelques minutes avant de prendre la parole, celui-ci demanda à son interprète de lui traduire certaines inscriptions figurant sur les pancartes placées dans le public. Sturdza s'exécuta en écrivant sur un bout de papier, en roumain mais de façon phonétique et en gros caractères (à cause de la mauvaise vue du Président) la formule « Vive l'amitié franco-roumaine » que de Gaulle s'empressa de reprendre à son compte au cours de son discours.

De retour le 17 mai au soir à Bucarest, de Gaulle est attendu le lendemain à l'Université. Dans l'amphithéâtre, à 10 heures, le recteur ouvre la séance qui se déroule en français et sans traduction, les membres de l'Université souhaitant montrer à leurs hôtes leur parfaite maîtrise de la langue de Molière. Devant un parterre d'étudiants et de professeurs, de Gaulle prononce alors un nouveau discours long d'une quinzaine de minutes : « Le Général posa son papier sur le pupitre et le récita par cœur avec ses gestes et son art oratoire habituels. » Évoquant notamment les efforts du peuple roumain pour garder sa langue et sa culture, de Gaulle ne peut s'empêcher de prononcer quelques mots en roumain lorsqu'il lance le proverbe « *Mult e dulce si frumoasa limba ce vorbim !* » devant un public enthousiaste qui s'empresse d'applaudir.

Au cours d'une nouvelle réception qui se tient l'après-midi à l'ambassade de France, de Gaulle échange quelques mots avec son interprète féminine :

— Alors, vous rentrez avec nous, Madame ?
— Je vous suis, monsieur le Président... Ils ont aimé *mult e dulce si frumoasa...*

Ce à quoi de Gaulle répond en souriant : « Je n'ai pas très bien dit cela en roumain [1]. »

En raison des événements troublés qui se déroulent alors en France (journées de Mai 68 marquées par une révolte étudiante et une crise sociale majeure), le voyage en Roumanie est écourté d'un jour. À l'issue de l'enregistrement d'une ultime allocution radiotélévisée en direction du peuple roumain, de Gaulle quitte le pays le soir du 18 mai, non sans avoir à nouveau lancé quelques mots dans la langue locale sur le tarmac de l'aéroport.

Par crainte de troubles occasionnés par les milieux étudiants, c'est en pleine nuit et dans une totale discrétion que l'avion présidentiel atterrit, non pas à Orly comme à son habitude, mais à Villacoublay. Contrairement à l'usage qui veut que de Gaulle salue à son retour l'ensemble de la délégation qui l'a accompagné, celui-ci disparaît très vite dans

---

1. Sanda Stolojan, *op. cit.*

ses bureaux. Chacun est ainsi débarqué rapidement dans la cour de l'Élysée avec comme consigne de se débrouiller seul pour rentrer chez soi.

Pour Mihai Sturdza, le contraste entre, d'un côté, l'accueil joyeux, populaire et fastueux reçu lors du voyage en Roumanie, de l'autre ce retour en catimini en France, « presque comme des voleurs », fut assez saisissant. Il ne revit plus de Gaulle par la suite mais continua sa carrière d'interprète auprès des présidents Pompidou et Giscard.

Libre parole
et langue de bois

« Aujourd'hui, je fais comme si mon message aux peuples d'Europe orientale devait être entendu dans ces pays et en France. Je sais bien que ces régimes sont totalitaires. Mais je sème des graines qui, peut-être, avec d'autres, germeront dans vingt ou trente ans. Je ne les verrai pas éclore. Vous, sans doute. Les jeunes Polonais secoueront le joug soviétique. C'est inscrit sur le mur. Le rôle de la France est d'y aider, en leur donnant du courage. »

De Gaulle à Alain Peyrefitte.

Tout avait été préparé pour le voyage du président français en Pologne prévu du 7 au 13 juin 1967 : une série de discours avait été rédigée par l'ambassade, l'horaire de l'arrivée à Varsovie spécialement choisi pour permettre à la population de se rendre, à la sortie des bureaux, le long du parcours du cortège, tout comme la date et l'heure de l'enregistrement radiotélévisé de l'allocution que de Gaulle comptait prononcer en direction du peuple polonais. Deux interprètes avaient même été recrutés pour accompagner le chef de l'État : Mme Skunde, chargée de traduire les allocutions non préparées ainsi que les conversations, Jean Bourrilly assurant de son côté la mission de lire en polonais les discours dits en français.

Mais au début du mois de juin, le voyage est soudainement annulé pour des motifs de politique internationale : « En raison de la situation au Proche-Orient, le général de Gaulle, président de la République, a décidé, d'accord avec le gouvernement polonais, de remettre sa visite qu'il devait effectuer en Pologne en compagnie du ministre des Affaires étrangères à partir du 7 juin. Ce voyage aura lieu dès que possible. »

Ce n'est que trois mois plus tard que la caravelle présidentielle s'envole pour la Pologne. Comme à l'occasion de chaque voyage officiel, la couverture médiatique est impressionnante : dix-huit membres de l'ORTF ou Office de radiodiffusion-télévision française (cameramen, preneurs de son, monteurs, développeurs, mixeurs et chauffeurs), vingt-deux journalistes de la presse écrite, dix photographes et quelques reporters de la presse filmée sont de la partie, de même que sept équipes de télévision (TV allemande, NBC, ABC, CBS, BBC...) et dix-neuf journalistes de la presse écrite étrangère. Il est prévu que la télévision polonaise diffuse « en direct » un certain nombre de manifestations qui seront retransmises par le canal de l'Eurovision à destination de la France : le 6 septembre entre 16 h 30 et 17 h 25 à l'arrivée à l'aéroport, le 11 septembre de 10 h 30 à 11 h 30 pour la visite à la Diète et le 12 septembre au moment du départ du Général. Chaque soir, entre 19 heures et 19 h 15, une liaison doit également être établie pour l'enregistrement à Paris du résumé filmé de la journée, résumé qui sera transmis à partir d'un télécinéma de la télévision polonaise.

À son arrivée à l'aéroport de Varsovie le 6 septembre 1967, de Gaulle est accueilli par Jozef Cyrankiewicz et Edward Ochab. Le premier, président du Conseil des ministres, parle mal le français mais est décrit par le Quai d'Orsay comme un homme intelligent, habile, travailleur et comme un remarquable orateur. De plus, c'est « un bon vivant et certaines de ses aventures ont défrayé la chronique. Il a été marié deux fois. Son style de vie n'est pas apprécié également par ses compatriotes ». Quant à Ochab, président du Conseil de l'État de la République populaire de Pologne, il apparaît « d'un aspect extérieur assez froid » et « n'est guère populaire... Ni sa femme ni lui ne parlent le français. Par contre, sa fille, qui a fait plusieurs séjours en France, parle correctement notre langue ».

Conformément au protocole, le président de la République française répond brièvement à l'allocution de bienvenue d'Ochab. Faisant part de son émotion de retrouver la Pologne « vivante, ardente et amicale » où il s'est rendu au début des années 1920 dans le cadre d'une mission militaire, de Gaulle ne peut s'empêcher de conclure en déclarant : « *Z ta wiara i z ta nadzieja witam Polske w imieniu bratniej Francji. Niech zyje Polska !* » (Avec cette foi et cette espérance, j'apporte à la Pologne le salut fraternel de la France. Vive la Pologne !)

La télévision filme la scène : sur les images, on aperçoit nettement le Général se tenant sur une tribune installée sur le tarmac de l'aéroport où de nombreux micros ont été installés. Quand il lâche ces quelques mots de polonais appris par cœur, sa femme Yvonne, qui se trouve à son côté, marque d'abord la surprise, avant de faire un sourire qu'elle tente tant bien que mal de dissimuler. Derrière elle, un officier tourne également la tête pour ne pas être pris en flagrant délit de rire.

Officiellement, ce voyage en Pologne a pour but de « mettre en lumière l'amitié entre les deux nations et de lui donner un nouvel élan ». En clair, il s'inscrit dans une politique d'ouverture à l'Est voulue par de Gaulle visant à montrer que la France dialogue avec tous les pays de façon libre et souveraine, et ce, en dehors de toute logique des blocs.

Pour preuve le contenu de ses discours dans lesquels le Général appelle la Pologne à suivre la politique d'indépendance de la France et à prendre ses distances vis-à-vis du voisin soviétique. Le 7 septembre, au palais du Belvédère, il parle du peuple polonais comme un peuple qui « doit être au premier rang » ; le 10, à Gdansk, il espère que la Pologne saura « voir un peu plus loin, un peu plus grand que ce que vous avez été obligés de faire jusqu'à présent » ; toujours le 10, à l'université de Cracovie, il affirme la nécessité d'une coopération sans que celle-ci passe par « l'absorption par quelque énorme appareil étranger » ; et le 11, devant la Diète polonaise réunie à Varsovie, il rejette « l'affrontement de deux blocs dressant l'un face à l'autre des forces en garde et des pactes opposés », souhaitant établir, « de l'Atlantique à l'Oural », une politique fondée sur le triptyque : détente, entente et coopération.

Mais ces paroles soutenant avec force la réalité des nations, leur droit à la souveraineté et à l'indépendance, suscitent des grincements de dents chez les dirigeants polonais, plus habitués à la langue de bois qu'à la libre parole : réclamant à leurs homologues français quelques explications quant à la teneur de certains discours de De Gaulle, ils vont jusqu'à censurer dans la presse polonaise plusieurs extraits de ses allocutions jugés trop tendancieux. Quant à Gomulka, le premier secrétaire du comité central du Parti ouvrier unifié, il préfère répondre à de Gaulle que l'alliance avec l'URSS constitue la « pierre angulaire » de la politique de son pays.

Pour la presse américaine qui commente ce voyage, de Gaulle a essuyé une « rebuffade » de la part de Gomulka et s'est mépris sur la force du nationalisme polonais en croyant qu'il éclipserait le communisme en tant que pouvoir idéologique. Son déplacement en Pologne serait donc un « échec » et de Gaulle rentrerait en France « les mains vides », déçu.

De Gaulle fait pourtant parler de lui. Deux mois à peine après ses paroles tonitruantes lancées à Montréal (« Vive le Québec libre ! », une formule prononcée moins en français qu'en québécois puisque de Gaulle reprend ici le slogan d'un mouvement indépendantiste du Québec !), il suscite à nouveau autant la joie que la polémique à la suite de son passage dans la ville de Zabrze, le 9 septembre, où il lance une petite phrase destinée à devenir célèbre : « Vive Zabrze, la ville la plus silésienne de toute la Silésie, c'est-à-dire la plus polonaise de toutes les polonaises. » Cette phrase renvoie directement au principal contentieux opposant depuis 1945 la Pologne à l'Allemagne de l'Ouest, portant sur la question de la reconnaissance de la ligne Oder-Neisse comme frontière occidentale de la Pologne. Une reconnaissance acceptée par la RDA (République démocratique allemande) depuis 1950, mais refusée par le gouvernement de la RFA (République fédérale d'Allemagne), qui se pose comme le seul représentant de la République allemande et qui nie l'existence de la RDA. Par ces mots scellant la reconnaissance définitive de cette frontière, de Gaulle donne des assurances au gouvernement polonais et suscite l'enthousiasme de la population, même s'il se refuse par ailleurs à reconnaître la RDA (comme l'aurait souhaité le gouvernement polonais) qu'il considère comme une création artificielle de l'URSS.

Ces quelques mots prononcés sur le sol polonais et devant la population polonaise sont pour beaucoup dans le succès populaire de ce voyage. Après son départ, l'ambassade de France en Pologne recevra plusieurs dizaines de lettres d'admiration vantant les mérites du président français, bien que certaines ne soient pas toujours dénuées d'arrière-pensées : elles s'accompagnent en effet parfois de demandes diverses assez inattendues telles que l'obtention d'une pension de retraite ou d'invalidité, le prêt pour l'achat d'une voiture française, l'envoi de postes de télévision, de linge, de tôles pour couvrir un toit, d'invitations pour la France ou de bourses... Plus anecdotique, mais preuve de la popularité du personnage, une famille de chapeliers de Cracovie se lancera dans la fabrication de la « *degaullouwka* » ou « *degolowska* », réplique assez exacte du képi de campagne du Général, qui semble avoir remporté un certain succès auprès de la jeunesse polonaise.

À l'inverse, les paroles lancées à Zabrze provoquent un débat animé en RFA et l'envoi de nombreuses lettres de protestation à l'ambassade de France. Choqués ou déçus, leurs auteurs allemands jugent les propos de De Gaulle comme une falsification de l'histoire et contraires à l'esprit de l'amitié entre les deux pays (« Que dirait l'opinion française si un chef d'État allemand utilisait des formules semblables à Strasbourg au sujet de l'Alsace-Lorraine ? » peut-on lire notamment dans un des courriers). La presse allemande n'est pas tendre non plus avec de Gaulle. Pour la *Badische Zeitung*, journal de Fribourg, le président français, « comme à l'occasion de son voyage au Canada, semble s'appliquer à casser le plus de porcelaine possible... Est-il possible qu'aux yeux de l'homme qui veille si jalousement sur la grandeur nationale de la France, les siècles qui ont donné à la Silésie l'empreinte allemande comptent pour rien ?... Quand de Gaulle encourage les Polonais à prendre conscience de leur propre force, il sert l'Europe et par là la cause allemande. Quand il use de grossière flagornerie pour flatter leur chauvinisme et brusquer ses alliés par des déclamations sans mesure, il porte ombrage aux tentatives de détente et entrave lui-même ses plans audacieux d'une Europe de "l'Atlantique à l'Oural" ».

Opération séduction

> « Nous avons assisté hier (par télévision) à votre arrivée à l'aéroport et nous ne pouvons résister au désir de vous adresser à vous ainsi qu'à Madame votre épouse nos souhaits de bienvenue sur la terre russe. »
>
> Courrier adressé le 21 juin 1966
> à de Gaulle par un couple russe.

La large utilisation faite par de Gaulle des médias lors de sa présidence n'est un secret pour personne. Qu'il s'agisse de ses dix-neuf conférences de presse ou de ses soixante-deux allocutions radiotélévisées en direction des Français, celui-ci comprit parfaitement tout l'intérêt que pouvaient remplir les moyens de communication de masse au service de sa politique : « Il faut que les Français me voient et m'entendent, que je les entende et les voie. La télévision et les voyages publics m'en donnent la possibilité. Voici que la combinaison du micro et de l'écran s'offre à moi au moment où l'innovation commence son foudroyant développement. Pour être présent partout, c'est là soudain un moyen sans égal [...] Par le son et l'image, je suis proche de la nation [1]. »

Couverts par la télévision française, ses déplacements à l'étranger sont également largement suivis par les télévisions nationales des États visités, offrant ainsi à chacun de ses voyages un retentissant écho médiatique.

S'il soigne ses entrées en scène à travers quelques paroles frappantes prononcées dans la langue du pays dès son arrivée, de Gaulle travaille également ses sorties en prenant l'habitude d'enregistrer un message radiotélévisé à la veille de ses départs en direction d'un large public. Cette stratégie médiatique s'appuie sur un discours bien rodé fonctionnant sur le triptyque passé-présent-futur, que ce soit en URSS en 1966, en Pologne en 1967 ou encore en Roumanie l'année suivante. Dans chacune de ces allocutions radiodiffusées et télévisées, de Gaulle met l'accent sur l'amitié et l'estime anciennes que la France et le pays d'accueil se portent l'une à l'autre, rappelle les douleurs et les drames du passé (notamment pendant la Seconde Guerre mondiale) pour

---

1. Cité par Stéphane Olivesi dans *Histoire politique de la télévision*.

mieux souligner le chemin parcouru depuis, se félicite des progrès accomplis par son hôte dans les domaines industriel, agricole, technique ou culturel, flatte le sentiment national des peuples (« J'ai vu votre peuple, fier, actif et bien vivant », dit-il aux Roumains. « J'ai vu que la Pologne est solidement établie dans son unité ethnique... avec son âme nationale bien à elle. »), appelle enfin à une politique de détente, d'entente et de coopération afin de garantir la paix en Europe.

Si l'essentiel de cette opération de séduction se déroule en français, de Gaulle la termine de façon systématique par quelques paroles formulées dans la langue du pays. Ainsi, le 18 mai 1968, il lance aux spectateurs roumains : « *Da ! Toate mărturiile care, peste tot și în chip unanim, mi le-ați dat de văzut, de auzit și de înțeles, vor lăsa o amintire neștearsă, pentru intotdeauna, excepționalei noastre prietenii. Fiecăreia și fiecăruia dintre voi, mulțumesc mult și noroc bun ! Trăiască România !* » (Oui ! tous les témoignages que partout et unanimement vous m'avez donné à voir, à entendre et à comprendre, ont marqué pour toujours notre exceptionnelle amitié. Merci beaucoup et bonne chance à chacune et à chacun de vous ! Vive la Roumanie !)

Le 11 septembre 1967, c'est de façon chaleureuse qu'il déclare en polonais : « *Wszystkim Polakom mowie z glebi serca : dziekuje wam ! Zegnajcie. Niech zyje Polska, nasza droga, szlachetna, mezna Polska !* »

(À tous les Polonais, je dis de tout cœur : Merci et adieu ! Vive la chère, la noble, la vaillante Pologne !)

Et le 30 juin 1966, alors que son voyage en URSS s'achève, c'est devant les caméras de la télévision soviétique qu'il s'exprime plus longuement en russe, sans jamais qu'un mot résiste à sa mémoire :

Всем русским, мужчинам и женщинам, которые меня слышат и видят, от всего сердца выражаю мою благодарность за чудный прием, мне оказанный народом и его руководителями.

Каждой и каждому из вас, желаю всего лучшего для ее н его жизни, для жизни ваших близких и вашей страны.

Всем вам я говорю, что новая франция – друг новой Руси.

Да здравствует Советский Союз !

Да здравствует дружба России и франции !

(À chaque homme et à chaque femme russes qui m'entendent et me regardent, j'adresse de tout cœur mes remerciements pour le magnifique accueil qui m'a été fait ici par le peuple et par ceux qui ont la charge de le conduire. À chacune et à chacun de vous, j'exprime mes meilleurs souhaits pour sa vie, pour celle des siens, pour celle de son pays. À tous, je dis que la France nouvelle est l'amie de la Russie nouvelle. Vive l'Union soviétique ! Vive l'amitié de la Russie et de la France !)

Les paroles prononcées ici ne brillent pas par leur originalité ni par leur haute teneur intellectuelle. De Gaulle préfère jouer sur le registre du cœur et du sentiment, s'adressant par la magie ubiquiste des médias à chacun et à tous en même temps. Les propos sont ceux d'un homme respectueux, affectueux, bienveillant et paternaliste, qui remercie la population de son accueil et lui souhaite tout simplement bonne chance pour l'avenir. Surtout, en parlant la langue du pays, de Gaulle appuie sur la fibre nationale et frappe les esprits à la veille de quitter le sol étranger.

Une enquête réalisée peu de temps après sa venue en Pologne, par l'institut de sondage d'opinion publique et d'études des programmes de la radiotélévision polonaise, montre que 85 % des Polonais interrogés ont suivi le déroulement de sa visite principalement par le biais de la télévision et de la radio (alors qu'un sondage effectué au lendemain de l'assassinat de Kennedy avait montré que 78 % de la population dans les villes et 72 % à la campagne s'intéressait fortement ou moyennement à la vie internationale). Si 6,5 % des personnes interrogées n'ont écouté que la seule déclaration de Wilanow, et 23,8 % le seul discours du Sejm (le parlement polonais), 38,2 % ont suivi l'ensemble des discours. Les moments les plus suivis ont été, par ordre d'intérêt décroissant, l'arrivée et le départ à l'aéroport ainsi que le défilé militaire et la traversée des rues à Varsovie, la visite à Zabrze, le séjour à Cracovie, Katowice et Gdansk, les discours au Sejm et à Wilanow, les visites d'Auschwitz, au monument des insurgés silésiens et à la Westerplatte, les déclarations du Général en polonais, la visite de la cathédrale d'Oliwa et sa présence à une cérémonie religieuse. Toujours selon cette enquête, la population a été particulièrement sensible à certains gestes du président. Pour un ouvrier, de Gaulle « a salué des gens ordinaires en leur serrant la main » ; selon une ouvrière, « il a voulu nous faire plaisir : il a parlé en polonais » ; au dire d'un autre ouvrier, « il parlait sans lire, et ce ne sont pas des choses qui arrivent chez nous » ; un employé constate également qu'« il a fait ses discours sans notes »…

Pour l'ambassadeur de France en Pologne, Arnaud Wapler, ce sont environ dix millions de Polonais – un sur trois dans un pays qui compte alors plus de deux millions et demi de postes – qui ont pu observer de Gaulle sur les écrans de leur télévision : « L'effet de ces émissions a été considérable auprès d'auditeurs déjà conquis ou entraînés par le succès du voyage. » Il précise également que « plus encore que les autres allocutions prononcées par le général de Gaulle, le discours à la télévision a beaucoup impressionné les correspondants, frappés en particulier par les phrases prononcées en polonais ».

La possibilité offerte au président français de s'exprimer librement à la télévision dans des pays aux régimes autoritaires comme ceux de l'URSS, de la Pologne ou de la Roumanie peut surprendre. En fait, contrairement à ce que rapportent certains ouvrages, ces allocutions ne passèrent pas en direct dans les médias mais furent enregistrées préalablement puis diffusées quelques heures plus tard, permettant ainsi aux autorités communistes d'exercer une éventuelle censure sur telle ou telle parole jugée tendancieuse ou non conforme à la ligne du parti.

Inauguré en 1966 lors de la visite en URSS, ce procédé d'allocution par le biais du petit écran et de la radio impliqua en amont une coopération tant diplomatique que technique entre les responsables des deux pays chargés de l'organisation du voyage. C'est ainsi que, dès le 18 mai 1966, une fois acté le projet d'une allocution radiotélévisée par le gouvernement soviétique, le Quai d'Orsay demande à son ambassadeur à Moscou de lui adresser au plus vite les thèmes qu'il juge « particulièrement utiles de développer, compte tenu des précédents constitués par les discours analogues prononcés par des chefs d'État ou de gouvernement étrangers qui sont venus en visite à Moscou », et de lui préciser le temps que devra durer l'allocution dans son texte français. La réponse de l'ambassadeur Baudet ne tarde pas : quatre jours plus tard, celui-ci adresse à son ministère une liste de thèmes susceptibles d'être abordés, parmi lesquels figurent le salut du peuple français au peuple soviétique, la vieille amitié et la coopération entre les deux pays, le problème allemand et la détente. En outre, il se charge de préparer et de mettre en place le dispositif technique : « Le seul précédent valable en ce qui concerne l'allocution radiotélévisée du dernier jour est celui du Premier ministre britannique (Harold Wilson) le 23 février. Sa longueur (quatre pages dactylographiées de format moyen) et sa durée (une dizaine de minutes) ont paru adéquates. Par contre, la technique utilisée (surimposition de la voix d'un interprète médiocre) a fait mauvaise impression. Suivant le correspondant de l'ORTF à Moscou, spécialiste de la télévision qui a l'expérience des téléspectateurs russes, une technique meilleure consisterait à utiliser deux caméras, prenant alternativement, l'une le président, l'autre l'interprète traduisant paragraphe par paragraphe, le tout étant enregistré par magnétoscope. Si le président était d'accord, nous pourrions préparer avec les Soviétiques une production de ce type. » L'ambassadeur doit également trouver rapidement une solution adéquate à propos du lieu de l'enregistrement qui, prévu à l'origine dans les appartements du Général au Kremlin, ne permet pas de visionner le film immédiatement après : « Une telle opération ne sera possible que si l'enregistrement se déroule dans les studios de la télévision soviétique. »

Le développement, à partir de 1964, d'une coopération franco-russe dans le domaine de la télévision n'est sans doute pas étranger au fait que de Gaulle ait pu s'exprimer aussi facilement devant les médias soviétiques à l'issue de son voyage dans ce pays. Cette coopération s'intègre alors dans un vaste projet technologique mené par le gouvernement français – et considéré comme une « affaire d'intérêt national » – visant à promouvoir et à vendre à l'étranger le procédé de télévision en couleurs SECAM (Séquentiel Couleurs à Mémoire). Largement soutenu par de Gaulle en personne qui suit de près le dossier, ce projet s'inscrit dans une politique de grandeur devant permettre à la France de montrer qu'elle reste une grande puissance innovante (de Gaulle déclare à son ministre de l'Information, Alain Peyrefitte : « Il s'agit de montrer que notre pays, qui a la réputation d'être le pays des parfums, des fromages et de la mode, est aussi une grande nation scientifique et technique »), de garantir son indépendance nationale (notamment face à l'hégémonie et à la concurrence technologique américaines) et d'assurer, par le biais de la technique, la transmission de sa culture.

Après l'échec de sa tentative de rapprochement avec l'Allemagne – qui, de son côté, a mis au point le procédé PAL (*Phase Alternative Line*) –, la France décide de se tourner vers l'URSS et les pays de l'Est. En janvier 1965, Alain Peyrefitte se rend à Moscou pour promouvoir le SECAM. Deux mois plus tard, un premier accord franco-soviétique sur la télévision en couleurs est signé, les deux parties espérant imposer l'adoption du procédé au reste des pays européens. Ce qui fera dire cyniquement au journal allemand *Der Spiegel* : « Le président de la République française souhaite que les élèves du primaire dans la forêt bavaroise, tels des nègres dans la brousse sénégalaise, puissent admirer la langue du grand Corneille et du grand de Gaulle. »

Couvert par plusieurs reportages réalisés en couleur par la télévision française, le voyage de De Gaulle en URSS est marqué par la signature, le 30 juin 1966, d'un accord de coopération scientifique, économique et technique qui étend à d'autres domaines que la télévision la coopération entre les deux pays. Un an plus tard, le 1er octobre 1967, la France et l'URSS inaugurent de façon simultanée un service régulier d'émissions en couleurs. À cette occasion, le nouveau ministre français de l'Information, Georges Gorse, enregistre pour la télévision soviétique une allocution prononcée en russe, une langue qu'il parle couramment.

De Gogol à de Gaulle

« Je vous remercie très vivement d'avoir bien voulu accepter de me prendre à bord de votre avion personnel. Je suis extrêmement sensible au grand honneur que vous me faites et qui me donne l'occasion de vous voir de près : je suis de ceux que vous fascinez. »

Léon Zitrone à de Gaulle, 18 juin 1966.

En arrivant à Moscou le 20 juin 1966 pour un voyage officiel de onze jours en compagnie de sa femme Yvonne et de son fils Philippe, Charles de Gaulle a sans doute en mémoire les images de son périple qui l'avait conduit en URSS vingt et un ans plus tôt. C'était en décembre 1944. Le chef du Gouvernement provisoire de la République française (GPRF) avait décidé de se rendre dans la capitale soviétique pour tenter de nouer une alliance de revers avec Staline afin de permettre à la France de retrouver son rang parmi les Alliés dans le cadre de la victoire finale qui se dessinait alors et de faire accepter sa politique de fermeté à l'égard de l'Allemagne.

Le voyage avait été une expédition : parti de Paris le 24 novembre, il avait fait halte au Caire, à Téhéran, à Bakou puis à Stalingrad – où il découvrit les ruines de la bataille qui avait fait rage en 1942-1943 –, avant d'arriver dans la capitale moscovite le 2 décembre. La suite du Général était constituée de Georges Bidault (ministre des Affaires étrangères), du maréchal Juin (chef d'état-major des armées françaises), de Gaston Palewski (chef du cabinet du Général) assisté par Étienne Burin des Roziers, de Maurice Dejean (chef de la Direction politique du Quai d'Orsay), de Guy de Charbonnières (chef de cabinet de Bidault) et de Jean Laloy.

Par sa fonction d'interprète, Jean Laloy fut un témoin aussi discret que privilégié de cette aventure au pays des Soviets. Dans le récit qu'il en a laissé, Laloy donne une description assez étonnante de De Gaulle qu'il a pu alors côtoyer de près : « Il est effectivement très grand, un peu lourd, les yeux comme absorbés vers l'intérieur, avec des poches profondes et des signes de fatigue qui iront en s'affaiblissant au cours du voyage. Le nez est énorme, comme indépendant du reste du visage. Sourire rare mais énorme lui aussi, découvrant toutes les dents. Toute la personne du Général donne l'impression d'un très grand animal, un diplodocus disent les uns, un grand singe plutôt, méditatif et dédaigneux. L'esprit qui anime cette grande machine est miraculeusement humain. Il la pousse à circuler dans les salons, disant aux dames un mot sans vaine amabilité, toujours simple, direct et grand. De la timidité dont on a beaucoup parlé, peu de traces, sinon un vif désir de ne pas paraître, de fuir la popularité et la flatterie [1]. »

L'accueil des Français à Moscou ne fut pas très chaleureux. Irrité, de Gaulle refusa d'occuper la maison des hôtes qu'on lui avait réservée au motif qu'elle était truffée de micros. Il dormit à l'ambassade de France où régnait un froid sibérien. Les entretiens avec Staline – « champion rusé et implacable d'une Russie recrue de souffrance et de tyrannie, mais brûlant d'ambition nationale » – se révélèrent difficiles, les discussions portant essentiellement sur l'Allemagne, les frontières de la France sur le Rhin ainsi que sur la Pologne. Laloy raconte qu'il traduisit tant bien que mal, souvent mot par mot, phrase par phrase, les paroles de Staline, sans avoir toujours le temps de réfléchir au sens précis des propos échangés.

---

1. Jean Laloy, « À Moscou entre Staline et de Gaulle », *Revue des études slaves*.

Si les deux parties s'accordèrent rapidement sur la nécessité de signer un traité, les discussions bloquèrent sur deux points : la question des revendications françaises sur l'Allemagne, la France souhaitant, pour assurer sa sécurité, annexer la Sarre et la Rhénanie (ce à quoi Staline répondit que celle-ci ne pouvait être résolue sans concertation avec les Anglais et les Américains) ; la question de la reconnaissance par la France du Comité de Lublin – gouvernement polonais sous influence communiste et soviétique – souhaitée par Staline (ce à quoi de Gaulle rétorqua que la Pologne devait rester un État indépendant).

C'est finalement le 10 décembre, à 4 heures du matin et à l'issue d'une soirée riche en rebondissements, qu'un traité fut signé entre les deux pays dans le bureau de Molotov, alors ministre soviétique des Affaires étrangères (ce pacte prévoyait notamment une assistance en cas d'agression allemande). Staline glissa à mi-voix à celui-ci : « Eh ! il t'a roulé, Bidault, il t'a roulé, hein ! » De Gaulle et Staline purent enfin se serrer la main, et le dictateur de l'URSS lancer : « Il faut fêter cela ! » Comme le rapporte de Gaulle dans ses *Mémoires,* en un instant, des tables furent dressées et l'on se mit à souper, Staline levant à plusieurs reprises son verre en l'honneur de la France, de la Pologne et de la Russie. Vint ensuite le moment des adieux. Se tournant vers le général de Gaulle, Staline lui déclara : « Si vous, si la France, avez besoin de nous, nous partagerons avec vous jusqu'à notre dernière soupe. » Soudain, avisant près de lui Podzerov, l'interprète russe qui avait assisté à tous les entretiens et traduit tous les propos, le maréchal lui dit, l'air sombre, la voix dure : « Tu en sais trop long, toi ! J'ai bien envie de t'envoyer en Sibérie. » Quand de Gaulle quitta la pièce, il se retourna sur le seuil et aperçut Staline, assis, seul, à table : « Il s'était remis à manger. »

En 1966, le contexte international est bien différent. La mort de Staline en 1953 n'a pas mis un terme à la Guerre froide ni à l'existence d'un monde bipolaire. La France est devenue une puissance moyenne dirigée depuis 1958 par de Gaulle réélu président en 1965. Pour son premier voyage officiel de son nouveau septennat, celui-ci veut marquer le coup et redonner à son pays toute sa place sur la scène mondiale. En se hissant au rang de partenaire de l'URSS dans le cadre de sa politique d'ouverture vers l'Est, il entend montrer par là que les problèmes européens doivent être considérés d'abord dans un cadre européen et qu'ils ne peuvent être réglés sous la seule égide d'un tête-à-tête russo-américain.

Laloy a laissé la place à Constantin Andronikoff, interprète officiel du Quai d'Orsay, secondé par Andreyev et Irène Auboyneau, ainsi que par Alexandra Lopovkhine, dactylographe bilingue de la section russe de l'ORTF, chargée de traduire les discours du Général et divers documents qui seront adressés à la presse au fur et à mesure du voyage. Cette suite non officielle comprend également deux gardes du corps, deux officiers de police, deux bagagistes, un médecin, un valet de chambre, une femme de chambre, un aide cuisine... Autre époque, autres moyens !

Le voyage de De Gaulle en URSS est préparé de longue date : qu'il s'agisse de la sécurité, du protocole, du programme, des discours envisagés, du nombre d'interprètes accompagnant le président, du pavoisement des édifices ou encore de la couverture journalistique, tout a été précisé, discuté, négocié, vu et revu par les autorités compétentes des deux pays. Si une voiture découverte a été envisagée pour les déplacements du Général, les autorités soviétiques souhaitent que le président français ne stoppe pas le cortège en cours de route pour prendre contact avec le public et demandent qu'il serre des mains de préférence lors des arrêts prévus par le protocole, comme par exemple à l'entrée d'un théâtre, d'une usine ou d'une université : « Les interlocuteurs soviétiques ont bien précisé qu'il s'agissait là d'un souhait uniquement destiné à faciliter la bonne marche du cortège », précise-t-on au Quai d'Orsay.

Une autre source de préoccupation de la part des autorités soviétiques porte sur le nombre de journalistes chargés de couvrir la visite – cent vingt en tout –, un chiffre jugé excessif : « À plusieurs reprises et avec beaucoup d'insistance, elles ont demandé d'attirer l'attention des journalistes sur la sévérité de la protection soviétique qui ne pourra tolérer aucune exception au dispositif prévu. Elles souhaitent à ce sujet un pool réduit habilité à suivre en permanence le cortège et des emplacements réservés pour les autres journalistes photographes ou cinéastes. »

La question des possibles discours de De Gaulle fait également l'objet de nombreux entretiens et courriers entre le Quai d'Orsay, l'ambassadeur de France à Moscou (Philippe Baudet), le ministère soviétique des Affaires étrangères et le chef du protocole Molotchkov. Le 25 avril 1966, les autorités soviétiques donnent leur aval pour que de Gaulle prenne la parole en public dans les occasions suivantes : à l'aérodrome lors de son arrivée à Moscou, à un meeting dans le palais du congrès du Kremlin, à Volgograd (ex-Stalingrad) lors d'un meeting sur la place des Héros, à l'université de Moscou ou encore lors d'une réception donnée au Kremlin par le gouvernement russe. Le président français pourra également, s'il le désire, prononcer un discours à la télévision soviétique. Il aura aussi l'opportunité de faire de courtes allocutions de réponse aux paroles qui lui seront adressées lors de son arrivée et de son départ des villes visitées ainsi qu'à l'occasion des divers déjeuners et dîners officiels. Enfin, dans « toutes les circonstances où le programme indique qu'une allocution sera prononcée par une personnalité soviétique, il est attendu du président de la République une réponse d'une longueur à peu près équivalente ».

Dans ces conditions, le directeur d'Europe au Quai d'Orsay, Jacques de Beaumarchais, presse son ambassadeur à Moscou de lui envoyer « d'urgence » les projets suivants : allocutions prononcées sur les différents aérodromes où de Gaulle atterrira (à l'exception du projet pour l'arrivée à Moscou que le département prend en charge), toasts pour les repas officiels (à l'exception du dîner au Kremlin), allocution au repas servi avec les officiers soviétiques du camp militaire ainsi que celle radiotélévisée. La réponse de Baudet ne se fait pas attendre : entre le 19 et le 26 mai, pas moins de douze projets de discours sont adressés à Paris. Preuve s'il en est du souhait de De Gaulle de prononcer quelques paroles en langue russe, un courrier de Baudet en date du 22 mai nous apprend que son ambassade n'est pas outillée « pour la recherche des citations russes qui devront figurer au dossier. Je suppose en effet qu'il serait de mauvais goût de citer Marx, Lénine ou Staline et, en ce qui concerne les auteurs non engagés ou d'un autre siècle, nous manquons de moyens d'investigation. Ne pourriez-vous pas demander à des slavisants français des idées ? Tout au plus pourrons-nous produire quelques proverbes ».

En plus de la recherche de citations russes, Baudet planche sur le projet de salut à la foule que de Gaulle souhaite adresser du balcon de la municipalité de Moscou. Voici le texte que l'ambassadeur adresse à Paris le 26 mai 1966 :

« Citoyens, citoyennes de Moscou,
Vous qui animez le cœur de la chère et puissante Russie, je vous salue, je vous salue au nom du peuple français.

Nos pays se sont trouvés alliés il y a aujourd'hui un quart de siècle. Ensemble ils ont souffert... ensemble ils se sont libérés.

Depuis lors, nous avons beaucoup travaillé, vous à l'Est, en ardents socialistes, et nous à l'Ouest, en honnêtes démocrates. Nous avons d'abord reconstruit nos pays dévastés. Nos peuples se sont ensuite engagés résolument dans la voie du progrès. Vous, Soviétiques, vous avez obtenu des résultats qui font l'admiration du monde, nous, Français, nous n'avons pas mal réussi non plus.

Mais il est une chose que nous n'avons pas encore su faire ni les uns ni les autres, c'est d'éloigner à jamais de nos foyers la hantise de la guerre.

Eh bien, le moment me paraît venu d'entreprendre ensemble un grand effort vers ce grand idéal. Si vous le voulez comme nous le voulons, nous donnerons ensemble l'exemple de la coopération et l'Europe vous suivra et le monde nous suivra.

Voilà le fervent message que je vous apporte de Paris, mes chers amis, citoyens et citoyennes de Moscou.
Vive l'amitié franco-soviétique.
Vive la paix. »

Pourtant, à ce stade des préparatifs, les autorités soviétiques semblent peu inclines à autoriser le président français à s'exprimer du balcon de l'Hôtel de Ville de Moscou. Comme le rapporte l'ambassadeur, « les points suivants restent en suspens : salut à la foule à l'occasion de la réception à la municipalité de Moscou le 21 juin. M. Molotchkov a déclaré qu'à première vue il ne voyait pas comment répondre à ce vœu. C'est au 6e étage sans balcon que le Président sera reçu et il y a peu d'espace devant le bâtiment pour rassembler une foule. La chose ne s'est d'ailleurs jamais faite. Néanmoins, le chef du protocole va y réfléchir ». Il faudra que Baudet déploie toute son énergie et son charme pour convaincre les responsables soviétiques et obtenir leur aval. À quatre jours du départ, l'autorisation est enfin accordée : de Gaulle sera présenté par le maire de la ville et adressera un salut à la foule, mais il est précisé que son allocution ne devra pas durer plus de deux minutes. Le projet d'allocution sera donc largement modifié par l'Élysée, réduit dans sa longueur mais aussi « russifié » comme nous le verrons plus loin.

Si de Gaulle a lu Tolstoï et Dostoïevski, s'il connaît bien les grands classiques de la littérature et du théâtre russes, il en sait peu sur ce peuple et ne parle pas un mot de la langue. Qu'à cela ne tienne ! Fidèle à ses habitudes, de Gaulle impose sa griffe dès son arrivée à l'aéroport de Moscou et ne se gêne pas pour prononcer une douzaine de mots bien articulés en russe :

В моем лице, французский народ привествует великий советский народ.
Да здравствует Россия !
(En ma personne, le peuple français salue le grand peuple soviétique. Vive la Russie !)
On raconte que dans la foule, surprise de voir cet étranger faire un discours sans lire de texte écrit comme il est d'usage dans ce monde où toute apparence de spontanéité fleure l'hérésie, certains murmurèrent : « Serait-il analphabète ? » Il s'agit en fait là d'une plaisanterie moscovite comme il en existe beaucoup qui circulent alors et qui visent les dirigeants soviétiques esclaves de leur papier.

Comme on peut le constater sur certaines images tournées au cours du voyage, de Gaulle marche avec difficulté, sa cheville droite le fait souffrir en raison d'un œdème, si bien que le médecin qui l'accompagne doit lui faire régulièrement des infiltrations. Ces problèmes de santé n'empêchent pas de Gaulle de multiplier les déplacements dans le pays : il se rend à Novossibirsk, à Leningrad, à Volgograd, à Kiev, à Moscou, à Akademgorod et à Baikonour, conscient néanmoins d'être soumis pendant son voyage aux incessants regards et écoutes de Moscou !

Du côté français, on est aussi bien informé. Outre les photographies des dirigeants soviétiques qui ont été demandées par le Quai d'Orsay – demande qui a « plongé le protocole soviétique dans la perplexité » – de Gaulle dispose de rapports assez détaillés concernant celles et ceux qu'il doit rencontrer. Le successeur de Khrouchtchev à la tête de l'appareil du Parti, Leonid Ilitch Brejnev, soixante ans, est présenté comme un personnage ayant fait l'objet de « beaucoup de spéculations » quant à son caractère : « Si l'on s'accorde à le trouver d'un commerce agréable, les avis divergent sur la force de ses convictions et sur la rectitude de sa vie privée. De complexion pléthorique, on dit qu'il a le cœur fragile. Outre ses voyages à l'étranger déjà signalés, Brejnev s'est rendu en Suède et dans de nombreux pays socialistes. Il ne connaît pas le français. »

Le président du conseil des ministres de l'URSS, Aleksei Nikolaievitch Kossyguine, soixante-deux ans, est décrit comme un homme « éminemment sérieux, pondéré, lucide, d'aspect plutôt sévère, quoique capable de s'animer et même de charmer au cours d'une conversation », tandis que le président du Praesidium du Soviet suprême, Nikolai Victorovitch Podgorny, soixante-trois ans, est « à l'aise dans l'exercice de ses nouvelles fonctions » et « très au fait des questions de politique étrangère ».

Le ministre des Affaires étrangères, Andrei Andreievitch Gromyko, cinquante-sept ans, ressemble, pour sa part, au « type même du grand commis, qui a servi fidèlement l'État soviétique à travers les péripéties du stalinisme, pendant l'ère Malenkov, celle de Khrouchtchev et depuis l'instauration de la direction collégiale actuelle. Investi de la confiance de ses chefs successifs, il se présente avant tout comme un remarquable technicien de la diplomatie. Calme, précis, très bien informé, connaissant à fond son dossier, parfaitement maître de lui-même, il applique avec une discipline qui n'exclut pas une grande habileté les instructions des maîtres du Kremlin. Il est aussi capable tour à tour d'être engageant, attentif ou rogue, son comportement reflétera parfaitement la nuance psychologique que ses chefs veulent, à un moment donné, fournir quant à leur orientation politique. D'une intelligence rapide, Gromyko a une très grande capacité dialectique. Il parle très bien l'anglais ».

Enfin, la ministre de la Culture, Ekaterina Alekseievna Fourtseva, cinquante-six ans, est la seule femme exerçant alors des fonctions ministérielles au niveau de l'Union : « Son ascension fut attribuée à l'intervention de Khrouchtchev. Fourtseva apparaissait effectivement très liée à l'ancien premier secrétaire et cette amitié suscita beaucoup de commentaires... Dans ses fonctions de ministre, où elle n'a pas les coudées franches, elle n'a pas fait preuve d'un sectarisme outrancier. Son intervention au XXIIIe congrès, qui porte sur la vie intellectuelle, s'inscrit dans une ligne plutôt ferme que dure... Fourtseva a énormément voyagé à l'étranger. Elle s'est notamment rendue au festival de Cannes et à Paris en 1961. »

Le programme du président français est chargé. Dès son arrivée le 20 juin à Moscou, de Gaulle rend visite au Praesidium du Soviet suprême puis à Kossyguine avant d'assister à un dîner au grand palais du Kremlin. La journée du lendemain commence par des entretiens politiques avec Brejnev, Kossyguine, Podgorny et Gromyko, suivis d'un déjeuner privé, d'un déplacement à la municipalité de Moscou, d'une réception à l'ambassade de France puis d'un spectacle de ballet au Théâtre Bolchoï en présence de la ministre soviétique de la Culture. Le 22, les entretiens politiques se poursuivent le matin, l'après-midi étant consacré à une visite à l'université de Moscou, à une réception du corps diplomatique et à un dîner officiel à l'ambassade. Les 23 et 24 juin, de Gaulle se déplace à Novossibirsk, ville sibérienne située à 2 800 kilomètres de Moscou, où il visite une usine de matériel électrique ainsi que la cité scientifique et universitaire d'Akademgorod à 30 kilomètres de Novossibirsk. Le 25, il a le privilège d'être conduit dans le lieu très secret de Zvezdograd. Comme le précise une note préparatoire au voyage, « il n'existe pas en URSS de ville du nom de Zvezdograd. Il s'agit d'un nom de code destiné à désigner, pour les besoins du programme du voyage du président de la République française, le site de lancement de fusées spatiales soviétiques... Il y a tout lieu à penser que ce site se trouve près de la ville de Baïkonour, dans le sud-ouest du Kazakhstan, à environ 400 kilomètres au nord-est de la Mer d'Aral, soit encore à 1 400 kilomètres au sud-ouest de Novossibirsk. Le cosmodrome soviétique, comme on l'appelle en Russie, n'a jamais été visité, que l'on sache, par une personnalité étrangère, même appartenant à un pays communiste. Dans le cadre de la préparation du voyage présidentiel, les autorités soviétiques n'ont donné à notre ambassade aucune indication, ni sur le lieu visité, ni sur le déroulement de la visite. Il est à présumer que des explications nécessaires seront fournies au président de la République pendant le voyage ». Le 26, de Gaulle est reçu à Leningrad (Saint-Pétersbourg) où il se rend successivement au mémorial de Piskarevskoe, à l'Ermitage, au théâtre Kirov, dans une usine de turbines et au palais de Pedrodvorets – le Versailles russe conçu par le tsar Pierre le Grand. Le 27, il est accueilli à Kiev, le 28 à Volgograd (ex-Stalingrad) où on lui présente une centrale hydroélectrique et un barrage. De retour à Moscou le 29, il participe à la grande réception organisée à l'ambassade de France qui a convié pour l'occasion les principaux responsables politiques de l'URSS, mais aussi des militaires, des universitaires, des artistes et le cosmonaute Gagarine. Le 30, dernier jour du voyage, de Gaulle inspecte à 10 heures une unité militaire dans la banlieue de Moscou, assiste à 14 heures à une cérémonie en la mémoire de l'escadrille Normandie Niémen, enregistre son allocution radiotélévisée à 16 heures, avant de se rendre à 19 heures au Kremlin pour une réception en présence de Kossyguine. Le vendredi 1er juillet, il quitte enfin le sol soviétique dans la matinée.

Entre entretiens politiques, visites touristiques, réceptions et rencontres diverses, le voyage-marathon de De Gaulle à travers l'URSS est ponctué d'une série de prises de parole dont certaines se terminent par quelques mots de russe. Outre ceux, déjà évoqués, prononcés à son arrivée à l'aérodrome de Moscou ou encore à l'issue de son intervention radiotélévisée, de Gaulle s'adresse à deux autres reprises dans cette langue devant la population du pays. Du balcon de l'Hôtel de ville de Moscou, il lance : « Vive Moscou ! Vive la Russie ! Vive l'amitié franco-russe ! » Puis à Leningrad, « ville historique s'il en fut, car c'est ici qu'est apparue la grandeur de la Russie », « ville magnifique », « ville puissante », « ville rayonnante », il va jusqu'à citer en russe une phrase de Pouchkine : « Resplendis, ville de Pierre, et demeure inébranlablement comme la Russie ! »

Que de Gaulle use ici du terme de « Russie » et non d'« URSS » est tout à fait signifiant. Raisonnant dans une perspective historique, le président français considère en effet les idéologies et les régimes comme transitoires, contrairement aux réalités nationales qui sont les seules à compter à ses yeux car immuables et pérennes (il emploie d'ailleurs le terme de « Russie éternelle » et déclare un jour à Peyrefitte que « la Russie absorbera le communisme comme un buvard boit l'encre »). D'où son souci systématique de célébrer l'histoire, l'art, la littérature, la culture et les grands hommes du pays visité, autant d'éléments qui en font la richesse et en constituent l'identité.

L'utilisation du russe par de Gaulle participe largement de cette démarche dans la mesure où la langue fonde le sentiment d'appartenir à une communauté. C'est ce qu'il exprime clairement dans son allocution du 22 juin 1966 à l'université de Moscou lorsqu'il évoque le nom de Lomonossov : « Lui qui fut célèbre comme physicien, chimiste, astronome, géologue, philosophe, poète et historien ; lui qui, en tant que linguiste, a codifié la langue russe, comme notre Vaugelas[1] l'avait fait jadis du français ; lui qui, ainsi, donna à son pays l'instrument indispensable de sa conscience nationale, dont se servirent les Pouchkine, les Gogol, les Tolstoï, les Dostoïevski, les Tchekhov, et d'autres écrivains illustres... »

---

1. Grammairien français du XVIIe siècle, auteur des *Remarques sur la langue française, utiles à ceux qui veulent bien parler et bien écrire.*

Défense et illustration de la langue française

> D'après un sondage réalisé en 1962, 67 % des Français ne pratiquent aucune langue étrangère et 62 % d'entre eux n'ont jamais quitté leur pays.

Si la marquise de Sévigné parle italien et espagnol au XVIIe siècle, si Rousseau maîtrise l'italien, si Voltaire apprend l'anglais et est capable tant d'écrire que de lire en espagnol et en italien, si Diderot traduit des ouvrages anglais et connaît l'italien, allant jusqu'à essayer d'apprendre un peu de russe à la veille de son voyage à Saint-Pétersbourg, il n'empêche, c'est bien le français qui s'impose au XVIIIe siècle comme la langue commune de toutes les élites européennes et comme la langue diplomatique dominante jusqu'au XIXe siècle. Cette universalité du français s'explique par la puissance militaire et politique de la France dans le monde à cette époque, ainsi que par les qualités intrinsèques qu'on prête alors à cette langue, notamment sa clarté, son élégance et sa rationalité.

Mais le prestige du français connaît un net recul au cours du siècle suivant. À la conférence de la paix de Paris qui se tient en 1919, les Anglo-Saxons obtiennent pour la première fois que l'anglais soit reconnu comme langue diplomatique officielle, au même titre que le français. Et en 1945, lors de la conférence de San Francisco – qui voit la création de l'Organisation des Nations unies –, c'est de justesse que le français est admis comme langue officielle (avec l'anglais, le chinois, le russe et l'espagnol) et de travail (avec l'anglais).

Malgré les efforts du Quai d'Orsay et d'organismes tels que l'Alliance française – chargée depuis 1883 de promouvoir la propagation de notre langue à l'étranger –, le français poursuit son déclin, notamment dans les années 1960 qui nous intéressent ici. Les rapports adressés par le Quai d'Orsay à la présidence de la République à la veille des voyages de De Gaulle à l'étranger dressent globalement un état assez critique de la situation du français dans les pays concernés.

Ainsi, en Turquie, la place occupée par le français dans l'enseignement turc n'est pas satisfaisante du fait de la prépondérance de l'anglais. Dans l'enseignement primaire, le français n'est pas enseigné dans les établissements publics. Dans l'enseignement secondaire, où l'étude d'une langue étrangère est obligatoire, 35 % des élèves choisissent le français. Dans l'enseignement supérieur, la proportion des étudiants à l'apprendre varie de 5 à 50 % selon les facultés [1].

En Pologne, le français, langue de toute l'élite intellectuelle avant la guerre, a perdu sa position privilégiée au profit de l'anglais volontiers pratiqué par la jeunesse, et de l'allemand très en faveur dans les milieux techniques. Dans l'enseignement secondaire, le russe constitue la première langue obligatoire. Il est enseigné mais n'est pas populaire. La seconde langue concerne l'allemand pour 30 %, l'anglais pour 27 %, le latin pour 23 % et le français pour 20 % (ce qui représente environ 80 000 élèves)... Il existe 5 lycées spéciaux comprenant 25 classes avec environ 900 élèves où la plupart des matières doivent être enseignées en français. Le problème principal porte sur le manque de professeurs qualifiés... Les exportations de livres en Pologne sont insuffisantes [2].

En URSS, la situation n'est pas non plus brillante bien que non désespérée. Pendant près de deux cents ans, depuis l'établissement de l'influence française sous le règne d'Élisabeth jusqu'à la révolution

---

1. Rapport de 1968.
2. Rapport de 1967.

de 1917, le français a été la langue de prédilection de l'élite dirigeante russe. Pouchkine, Tourgueniev, Tolstoï, entre autres, le parlaient aussi bien que le russe. Dans les manuscrits des œuvres de Tolstoï, on retrouve des passages entiers rédigés en français... L'allemand est toujours resté la langue de l'armée, des ingénieurs et des scientifiques... Après la victoire de 1945, les pays anglo-saxons, grands vainqueurs du conflit et fournisseurs de matériel à l'URSS en guerre, ont bénéficié, aux yeux des Soviétiques, du prestige scientifique et technique qui était auparavant celui de l'Allemagne. Entre la montée rapide de l'enseignement de l'anglais et la persistance de l'enseignement de l'allemand, celui du français a subi un certain déclin. Mais depuis quelques années, le français connaît un régime de faveur dû à plusieurs facteurs : tout d'abord l'attachement d'une partie du corps enseignant à la culture française (l'auteur français contemporain le plus populaire est alors Saint-Exupéry dont toutes les œuvres ont été traduites) ; ensuite la reprise des relations culturelles officielles entre la France et l'URSS ; enfin l'accès à l'indépendance des pays d'Afrique d'expression française qui incite l'URSS à former des interprètes et des techniciens dans cette langue.

Au final, la place attribuée en URSS à l'enseignement du français, dispensé dans des universités, instituts pédagogiques et écoles spéciales, reste assez favorable. Elle doit atteindre 22 % des élèves inscrits dans les écoles. Ce pourcentage est néanmoins inférieur à celui réservé à l'enseignement de l'anglais (40 à 60 %)[1] (rapport de 1966).

C'est en Roumanie que la situation semble la meilleure. Un document du Quai d'Orsay précise en effet que « parmi les éléments les plus favorables à notre influence culturelle en Roumanie, figure la diffusion de la langue française. Depuis 1963, époque où le russe a cessé d'être obligatoire, le français a retrouvé dans l'enseignement roumain sa place traditionnelle, la première : 60 % des élèves le choisissent comme première langue dans le secondaire et le supérieur... Nos ventes de livres ont très sensiblement augmenté depuis deux ans... Des missions d'écrivains, déjà nombreuses en 1966, se sont poursuivies en 1967, notamment avec les visites en Roumanie de Michel Foucault et d'Alain Robbe-Grillet. Michel Butor, Nathalie Sarraute, Roland Barthes, André Chastel et Raymond Aron ont été présentés pour effectuer des missions dans ce pays dans les mois à venir »[2]. Ajoutons que la radio et la télévision roumaines diffusent également des cours de français.

Désireux de se battre pour affirmer la présence de la France sur la scène internationale et résister à

---

1. Rapport de 1966.
2. Rapport de 1968.

l'hégémonie nord-américaine, le gouvernement gaulliste tente de mener une politique linguistique active. En mars 1966, le Haut Comité pour la défense et l'expansion de la langue française est créé. Placé sous le contrôle du Premier ministre d'alors, Georges Pompidou, ce Haut Comité a pour mission d'étudier les mesures propres à assurer la défense et l'expansion de la langue française ; d'établir les liaisons nécessaires avec les organismes privés compétents, notamment en matière de coopération intellectuelle et technique ; de susciter ou d'encourager toutes initiatives se rapportant à la défense et à l'expansion de la langue française.

Cette politique consistant à hisser la langue française près du drapeau national obtient le large soutien de De Gaulle qui n'a de cesse, à chacun de ses déplacements en terre étrangère, que d'appeler à la coopération culturelle entre la France et le pays visité. Mais cette bataille du français, loin d'être exclusive, est aussi celle du multilinguisme et de la diversité culturelle, la France considérant que toutes les langues méritent d'être défendues car celles-ci sont porteuses d'éléments de civilisation humaine. C'est la raison pour laquelle chaque voyage s'accompagne généralement de la signature d'un accord d'intention portant sur le développement réciproque de la langue. Ainsi, en Pologne, une déclaration signée par les deux pays le 12 septembre 1967 précise que « la visite du général de Gaulle a mis en relief la très ancienne tradition des liens culturels toujours vivants dans la conscience des deux Nations. Il a été constaté que les échanges se développaient de façon satisfaisante dans le cadre de l'accord culturel signé à Varsovie le 20 mai 1966. Les deux gouvernements sont résolus à développer l'enseignement des langues française en Pologne et polonaise en France afin de fournir la base la plus appropriée à une meilleure connaissance réciproque des deux pays et de leur civilisation ».

En prononçant quelques paroles en polonais, roumain, turc, russe… à l'occasion de ses voyages officiels, de Gaulle montre par là qu'il soutient une politique de dialogue et d'ouverture qui passe en premier lieu par la reconnaissance de la diversité culturelle et linguistique des peuples du monde. Mais cette promotion des langues et des cultures des partenaires, c'est-à-dire du multilinguisme, a pour corollaire la récusation de la domination d'une langue unique, en d'autres termes de l'anglais.

Vers le Nouveau Monde

> « Je vais en Amérique latine sans programme diplomatique bien précis mais en quelque sorte instinctivement. Peut-être, en effet, est-ce important. Peut-être est-ce le moment. »
>
> De Gaulle à Michel Debré,
18 septembre 1964.

Un séjour harassant, trente-cinq mille kilomètres parcourus, dix pays traversés, des centaines de mains serrées, une soixantaine de discours prononcés... : le voyage de près d'un mois (21 septembre-16 octobre 1964) du président de Gaulle en Amérique latine fut incontestablement sans précédent et haut en couleur.

Le 3 juin 1964, une réunion se tient à Paris en présence du président français, de Couve de Murville, du chef du protocole au Quai d'Orsay Pierre Siraud, du secrétaire général de l'Élysée Étienne Burin des

Roziers, de l'ambassadeur de France au Mexique Raymond Offroy et des dix ambassadeurs de France en Amérique latine. Son objet : dresser les grandes lignes du voyage – prévu à cette date du 15 septembre au 15 octobre – et coordonner la liaison entre les différentes ambassades. La tâche est immense dans la mesure où de multiples paramètres doivent être pris en compte, qu'il s'agisse du programme du Général (qui évoluera au fil des préparatifs), de la durée de sa présence dans chacun des pays visités, du programme spécial d'Yvonne de Gaulle, du protocole, de la sécurité, de l'hébergement, des transports, du choix des interprètes, sans parler du climat et de l'altitude. En effet, pour le climat, le mois de septembre paraît plus favorable que ceux d'octobre ou de novembre marqués par de grosses chaleurs, précise-t-on au Quai d'Orsay. En ce qui concerne l'altitude, il est prévu que le président se rende d'affilée à Bogota en Colombie (2 640 m), à Quito en Équateur (2 850 m) et à Cochabamba en Bolivie, mais pas à La Paz en raison de son élévation excessive (3 600 m). En outre, cette « formule permet d'éviter les changements d'altitude répétés exigeant chaque fois une adaptation » (en réalité, de Gaulle passera, après l'Équateur, par le Pérou avant d'aller en Bolivie).

Rapidement, un canevas se dessine pour chaque pays qui sera traversé. Il est entendu que de Gaulle restera en moyenne un jour ou un jour et demi dans chaque pays sauf au Pérou, en Argentine et au Brésil où il devrait séjourner plus longtemps, soit trois jours environ. Dans chaque État, de Gaulle compte s'entretenir « sérieusement » avec son chef (un ou deux entretiens en tête à tête doivent être prévus), voir les membres du gouvernement qui « jouent un rôle important » ainsi que le Parlement, rencontrer les principales personnalités qui comptent au point de vue de l'économie, de la science et de la culture, rendre visite aux Français qui résident sur place et avoir enfin un contact avec la foule « au moins une fois ».

Des recommandations précises sont également données à propos du protocole. À l'arrivée, le président de la République sera accompagné par le chef de l'État local, Mme de Gaulle par son épouse. Il est souhaitable que le général de Gaulle se trouve avec celui-ci dans une voiture ouverte et décapotable. Pour lui faciliter la station debout, il est nécessaire qu'il ait devant lui une poignée ou une barre d'appui. Si le chef de l'État local ne parle pas le français, un interprète se trouvera soit sur un strapontin, soit à l'avant. Pour les autres cérémonies, le président de la République sera accompagné d'une personnalité locale. S'il se rend à une manifestation française (dans un lycée par exemple), c'est le ministre français des Affaires étrangères qui montera dans sa voiture. Lorsqu'il ira à un repas offert par le chef de l'État, Mme de Gaulle se trouvera dans la voiture. Pour tous les cortèges, il est souhaitable que l'ambassadeur, le chef du protocole local et M. Siraud soient dans une voiture précédant celle du Général afin que, se trouvant sur place lorsque celui-ci mettra pied à terre, ils puissent lui présenter les personnalités qui l'accueilleront. L'aide de camp devra être placé, pour sa part, dans la voiture du Général, à l'avant.

De leur appartement, le Général et sa femme devront pouvoir appeler par une sonnette l'aide de camp, le valet de chambre et la femme de chambre. Il sera prévu à cet effet une sonnerie avec des indications très lisibles en face de chaque bouton d'appel, marquant : aide de camp, valet de chambre, femme de chambre.

Pour les repas officiels offerts par le chef de l'État local ou le président de la République, il convient d'éviter des menus compliqués ou trop lourds. Une entrée (précédée éventuellement d'un potage), un plat de viande avec légumes et salade, suivi d'un dessert, suffiront. Il est recommandé d'éviter les crustacés et les poissons de mer si ceux-ci doivent venir de loin, de même que le foie gras pour les repas offerts en l'honneur de De Gaulle.

Deux interprètes s'occuperont des discours et des conversations. Aux repas, si les voisins du Général et de Mme de Gaulle ne parlent pas français, des interprètes recrutés localement seront placés sur des chaises ou tabourets, derrière le Président et son épouse, un interprète pour chacun d'eux. Les deux interprètes qui accompagnent de Gaulle en Amérique latine seront exclusivement attachés à sa personne. Le premier, Sylvain Lourié, chargé de mission au ministère de la Coopération, s'occupera de traduire en espagnol ses discours prononcés en français. Quant au second, Louis Albert des Longchamps, cet interprète et conseiller au Quai d'Orsay traduira en espagnol ses paroles lors des conversations et discussions avec les interlocuteurs locaux. Mais comme le précise Siraud dans un courrier aux ambassadeurs, « la traduction en français des allocutions ou discours prononcés par les personnalités du pays de votre résidence n'entre pas dans leurs attributions. Cette obligation incombe à l'interprète du pays d'accueil ».

Des Longchamps se voit confier une autre mission : convoqué à l'Élysée le 31 août 1964, soit trois semaines avant le départ pour le Nouveau Monde, il rencontre de Gaulle dans son bureau. Celui-ci souhaite l'entretenir des discours qu'il prononcera en espagnol en direction des populations sur place, étant entendu que tout devra être prêt pour le 10 septembre. Si des Longchamps a pu traduire quelques textes pour le président, il semble que cette séance de travail ait davantage consisté à l'informer des allocutions que de Gaulle fera en français sur les aérodromes, pendant les toasts et les dîners, ou encore devant les membres des parlements et des universités, allocutions qui devront être aussitôt traduites en espagnol afin de permettre aux interlocuteurs du Général de comprendre la teneur de ses propos.

Deux courriers de septembre 1964 de la présidence de la République tendent à prouver que de Gaulle a également fait appel à des spécialistes des langues afin de l'aider dans la préparation de ses discours prévus en espagnol et en portugais. Le premier, adressé à Julio Cortazar, traducteur à l'UNESCO, le remercie en ces termes : « Vous m'avez apporté une aide précieuse lors de l'élaboration des allocutions que je vais prononcer en langue espagnole au cours de mes visites aux États de l'Amérique latine. » Le second, envoyé par le chargé de mission Henry Coury à Paolo Carneiro, ambassadeur et représentant permanent du Brésil auprès de l'UNESCO, précise : « Le général de Gaulle m'a chargé de dire à votre Excellence combien lui a été précieux le concours qu'Elle a bien voulu lui apporter dans la préparation de ses allocutions en langue portugaise. Grâce à vous, il pourra prendre plus directement contact avec vos compatriotes lors de sa visite qu'il va prochainement faire au Brésil. »

Non contents de traduire les textes qui leur ont été présentés, ces deux hommes ont probablement également joué le rôle de répétiteur auprès du Général, l'aidant à s'entraîner dans la prononciation de l'espagnol et du portugais, deux langues que de Gaulle ne maîtrisait absolument pas.

Correspondances diplomatiques

Venezuela (21 septembre 1964) [1]

25 août 1964, Paris, Pierre Siraud (chef du protocole au Quai d'Orsay) aux différents ambassadeurs :

« Je vous serais reconnaissant : 1) de m'indiquer si le chef de l'État du pays de votre résidence parle couramment, assez bien ou point du tout le français. 2) de me fournir le même renseignement en ce qui concerne l'épouse du chef de l'État et le ministre des Affaires étrangères. »

27 août, Caracas, Pierre de Vaucelles (ambassadeur de France au Venezuela) à Siraud :

« M. Leoni comprend assez bien le français mais ne le parle pas.

Mme Leoni ne comprend ni ne parle le français.

---

[1]. Les dates indiquées ici renvoient aux dates de passage de De Gaulle dans les différents pays d'Amérique latine.

Le ministre des Relations extérieures ne parle pas le français. »

Colombie (22-24 septembre 1964)

27 août 1964, Bogota, Bertrand de La Sablière (ambassadeur de France en Colombie) à Siraud :
« Le président de la République colombienne ne parle pas le français. Il m'a dit comprendre notre langue articulée soigneusement. Les connaissances du ministre des Relations extérieures sont analogues, sinon moindres. »

Équateur (24-25 septembre 1964)

7 août 1964, Quito, Robert Valeur (ambassadeur de France en Équateur) à Couve de Murville :
« La junte militaire de Gouvernement a désigné M. Manuel Freile en qualité d'ambassadeur extraordinaire qui sera attaché à la personne de monsieur le président de la République pendant sa visite à Quito. Mme Freile ne sera pas là à Quito mais le directeur du protocole n'estime pas que la présence de cette dernière soit indispensable puisque Mme de Gaulle sera accompagnée à toutes les manifestations auxquelles elle aura à participer par Mme Escudero, femme du ministre des Relations extérieures qui parle très bien français. J'ajoute que M. Freile serait difficile à remplacer car les autres

Quiténiens qui parlent aussi bien français que lui ne sont pas en bons termes avec la Junte de Gouvernement. »

27 août 1964, Quito, Valeur :
« Aucun des membres de la Junte militaire de Gouvernement ne parle français, pas plus d'ailleurs que leurs épouses. Par contre, le ministre des Relations extérieures, M. Escudero, ainsi que sa femme le parlent couramment. L'ambassadeur extraordinaire attaché à la personne du président connaît aussi parfaitement notre langue. »

Pérou (25-27 septembre 1964)

14 septembre 1964, Lima, Jules Koenigswarter (ambassadeur de France au Pérou) :
« Ce sera Mme Priale, épouse du président du Sénat, qui fera office de Première Dame. Elle sera assise auprès du général de Gaulle lors des repas officiels. Mme Priale, qui ne s'exprime qu'en espagnol, n'est pas loquace. »

Bolivie (28 septembre 1964)

Observation non datée sur le programme de la visite de De Gaulle en Bolivie :
« Si le général de Gaulle a coutume de se mêler à la foule, il ne faut pas cependant que ce geste, qui

doit conserver un caractère spontané, soit formellement prévu au programme. »

Chili (1ᵉʳ-2 octobre 1964)

31 juillet 1964 : Santiago, Christian Auboyneau (ambassadeur de France au Chili) à Siraud :
« Il serait certainement d'un prestigieux effet que l'allocution du général de Gaulle à Rancagua, qui s'adressera à la grande foule, fût prononcé en espagnol, pour partie tout au moins. »

Argentine (3-6 octobre 1964)

27 août 1964 : Buenos Aires, Christian de Margerie (ambassadeur de France en Argentine) :
« Le président Illia ne parle pas le français mais le comprend un peu.
Mme Illia ne parle ni ne comprend le français.
M. Wakivala Ortiz comprend le français mais le parle difficilement. »

Paraguay (6-7 octobre 1964)

25 juillet 1964, Asunción, Michel Louet (ambassadeur de France au Paraguay) à Siraud :
« L'allocution à la foule du balcon du palais a été placée à 19 heures le 6 octobre après la visite

protocolaire, ceci parce que le 6 octobre nous pouvons avoir une chaleur déjà assez forte : l'attente d'une foule, les allocutions et traductions au soleil peuvent être pénibles. »

3 septembre 1964, Asunción, Michel Louet à Siraud :
« Le chef de l'État et Mme Stroessner parlent uniquement l'espagnol.
Le ministre des Relations extérieures comprend assez bien mais parle médiocrement le français. »

Uruguay (8-10 octobre 1964)

Document non daté, Montevideo, Gabriel Bonneau (ambassadeur de France en Uruguay) à Couve de Murville :
« J'ai l'honneur d'adresser au département une liste de citations, en français et en espagnol, d'auteurs et de personnalités politiques célèbres, susceptibles d'être utilisées dans les discours que prononcera le président de la République à l'occasion de sa visite en Uruguay :
José Artigas, héros de l'indépendance uruguayenne (1764-1851) : « *Con libertad, no offerdo ni temo* » (Avec l'indépendance, je n'offense ni ne crains).

1ᵉʳ septembre 1964, Montevideo, Gabriel Bonneau à Siraud :
« Le chef de l'État parle le français médiocrement. Son épouse ne le parle pas, non plus que le ministre des Affaires étrangères. »

Brésil (13-15 octobre 1964)

19 août 1964, Paris, Siraud à Pierre Sebilleau (ambassadeur de France au Brésil) :
« À la différence de ce qui se passera pour les autres pays du voyage présidentiel, la suite de monsieur le président de la République ne comprendra au Brésil aucun interprète portugais. Ainsi qu'il vous a déjà été indiqué, il vous appartiendra donc d'obtenir localement les concours nécessaires. Pour les conversations, il importe mais il suffit que l'interprète ait une parfaite aisance dans les deux langues. En revanche, la traduction d'un discours requiert une véritable technique. Tant pour cette raison que compte tenu de la longueur du séjour au Brésil et des déplacements successifs à Rio, Brasilia et São Paulo, il conviendrait que vous disposiez d'un interprète de discours réservé à cette tâche difficile et très importante et d'un ou deux interprètes de conversations pour les entretiens privés, les réceptions et les repas où, je le rappelle, ils sont placés sur des chaises derrière le Président et

son épouse lorsque les voisins de table ne parlent pas le français. En ce qui concerne Mme de Gaulle, une dame peut lui servir d'interprète de conversation. »

27 août 1964, Sebilleau à Siraud :
« Le président Catello-Branco parle suffisamment bien notre langue pour soutenir une conversation d'un niveau moyen. »

Tirer la langue

« Le général de Gaulle est le champion de l'identification. Les Vénézuéliens l'identifiaient à Bolivar. Voici que les Argentins l'identifient à Peron. D'autres, à travers le monde, l'ont identifié à Tito, à La Fayette, à Ben Bella, à Khrouchtchev, à Napoléon, à Franco, à Churchill, à Mao, à Nasser, à Frédéric Barberousse, sans oublier Jeanne d'Arc et Georges Clemenceau. C'est le Protée de l'histoire, le Fregoli de la politique. Il parle toutes les langues, prend tous les visages, joue tous les rôles ».

Roger Escarpit, Le Monde,
6 octobre 1964.

Au cours de son marathon sud-américain à l'automne 1964, le président de Gaulle prononce rien moins qu'une soixantaine de discours et allocutions dans le cadre de réponses aux propos de bienvenue, de toasts aux repas officiels, de discours devant les parlementaires, l'armée ou dans les universités, de paroles en direction des colonies françaises ou bien des populations locales venues l'écouter.

Dans chaque pays et à chaque occasion qui se présente à lui, de Gaulle tient le même discours, martèle les mêmes paroles, affirme haut et fort les mêmes principes : il s'agit pour lui de mettre l'accent sur le caractère exceptionnel de sa venue (« Pour la première fois dans l'Histoire, un chef d'État français se rend officiellement en Amérique du Sud »), de convoquer l'Histoire en rappelant le passé glorieux des guerres d'indépendance qui ont libéré les pays d'Amérique latine de la domination espagnole (la référence à la figure de Bolivar est permanente), de souligner les affinités profondes et les liens tant politiques que culturels existant entre la France et les nations visitées, de faire ressortir les idéaux de liberté, d'égalité, de fraternité, d'indépendance nationale et du droit des peuples à disposer d'eux-mêmes, d'insister enfin sur les origines communes à la fois latines et chrétiennes.

Pointant du doigt les idéologies « périmées », « rivales », « essoufflées », « opposées », « extrêmes », critiquant les hégémonies « injustifiées », « concurrentes », « lassées » (la référence à l'URSS et aux États-Unis est claire), de Gaulle appelle de ses vœux à un resserrement des relations entre la France et les pays du Nouveau Monde, à une plus grande coopération dans les domaines politique, économique, scientifique et culturel. Convaincu du fait que la France est porteuse d'un message et de valeurs qu'elle doit transmettre au monde, le chef de l'État propose d'apporter aux nations « amies » et aux peuples qui le désirent le « concours » des capacités scientifiques, techniques, économiques, sociales et culturelles de son pays, ceci en vue de favoriser la paix, l'équilibre et l'existence d'un monde multipolaire.

Soucieux de traduire en paroles sa conception de la politique internationale fondée sur l'ouverture de la France au monde, de Gaulle n'hésite pas à s'exprimer en espagnol sous deux formes différentes. D'abord en reprenant à son compte des citations d'écrivains ou d'hommes politiques sud-américains qui lui ont été adressées au préalable par ses ambassadeurs et qu'il a pris soin de glisser dans certains de ses discours en direction des chefs d'État ou parlementaires locaux : « *Lo que no es justicia es iniquidad* » (Ce qui n'est pas justice ne peut être qu'iniquité) devant le parlement colombien à Bogota (23 septembre 1964), « *Para honra, para gloria, para orgullo del mundo, es preciso que Francia viva y levante la cabeza* » (pour l'honneur, pour la gloire, pour l'orgueil du monde, il est nécessaire que la France vive et qu'elle relève la tête) devant le président de la junte de gouvernement de la

République d'Équateur (24 septembre), « *La conquista del Peru por los Peruanos* » (la conquête du Pérou par les Péruviens) devant le parlement de Lima (26 septembre), « *Asuncion, la muy noble y muy ilustre* » (Assomption, la très noble et la très illustre) à son arrivée au Paraguay le 6 octobre, ou encore « *O Brasil é uma terra que em se plantando tudo dà* » (le Brésil est une terre où pousse tout ce que l'on plante) devant le congrès à Brasilia le 14 octobre.

Mais c'est surtout devant les foules nombreuses venues le voir que le président français donne toute sa mesure à sa politique mondialiste, en s'exprimant à sept reprises en espagnol. Conformément aux informations transmises aux ambassadeurs par le Quai d'Orsay lors de la préparation du voyage, ces allocutions à la population ont « principalement pour objet de permettre une prise de contact avec la foule ».

Curieusement, de Gaulle ne prend pas la parole en espagnol dans les deux premiers pays visités que sont le Venezuela et la Colombie. Si les archives consultées en taisent la raison dans le cas vénézuélien, elles apportent en revanche une explication concernant la Colombie : « Le projet d'un discours du général de Gaulle aux citoyens de Bogota a rencontré du côté colombien une grande réticence et finalement un refus obstiné. Les motifs allégués pour cette fin de non-recevoir ont été variés : on ne voyait pas d'où ni à quelle occasion le général de Gaulle parlerait à la foule ; il devrait à ce moment être accompagné du président Valencia ; les coutumes colombiennes ne favorisaient point qu'un chef d'État étranger s'adressât directement à la population. »

C'est d'ailleurs avec les autorités colombiennes que les discussions portant sur la préparation du voyage du président français semblent avoir été les plus compliquées. En témoignent les nombreux courriers échangés entre Paris et l'ambassadeur français sur place, La Sablière, entre juillet et septembre 1964. Ils portent pour l'essentiel sur la question du protocole, des traducteurs, de la langue et des discours prévus. La Sablière y fait notamment part de la perplexité des autorités colombiennes concernant le choix de l'aide de camp du président français. Le gouvernement colombien souhaite désigner un officier général mais aucun ne parle le français : « La connaissance de notre langue paraît se fixer présentement au niveau des colonels, probablement pour le motif que l'un au moins d'entre eux vient de faire un stage en France. M. Pardo Parra (ministre des Mines et Pétroles) souhaite savoir ce qu'il doit préférer du grade ou des connaissances linguistiques pour satisfaire aux devoirs de l'hospitalité. » Réponse du chef du protocole français : « En ce qui concerne l'aide de camp colombien du général de Gaulle, il semble, encore que cette question relève avant tout du protocole local, que la désignation d'un colonel parlant notre langue serait très indiquée. »

Une autre question à résoudre concerne la traduction de certaines allocutions. Le chef du protocole colombien (un certain Manrique) désire que celle de bienvenue du président Valencia et la réponse du général de Gaulle soient faites par le traducteur officiel français, tout comme celle du toast du général de Gaulle lors du déjeuner prévu entre les deux hommes. Là encore, Siraud précise son point de vue : « En ce qui concerne les allocutions de bienvenue, c'est en principe l'interprète de chacun des chefs d'État qui prononce la traduction des paroles de son "maître". Si M. Manrique estime que la diction française de l'interprète colombien n'est pas assez bonne, le texte de l'allocution du président Valencia pourra éventuellement être lu par l'interprète du Général, mais à condition que ce texte soit traduit à l'avance et que votre ambassade en ait vérifié la correction. La règle "chaque interprète pour son chef d'État" s'applique aussi aux discours prononcés dans les dîners officiels. Là encore, notre interprète peut à la rigueur lire le texte français du discours du président Valencia si celui-ci a été correctement préparé à l'avance. Si les interprètes recrutés sur place pour le dîner redoutent de traduire "en simultané" le toast du Général, l'un de nos interprètes pourra se placer à ce moment-là derrière le président Valencia, à condition naturellement qu'il participe au déjeuner. Si le président Valencia ne parle pas suffisamment notre langue, c'est M. des Longchamps qu'il convient de placer dans la voiture présidentielle à côté de l'aide de camp colombien. » Enfin, l'ambassadeur rend compte du désir du président Valencia d'improviser son allocution au cours d'un dîner au palais de San Carlos. En bon diplomate, La Sablière explique avoir « répondu par l'éloge de son talent oratoire » mais fait observer à ce dernier que la mission française ne pourrait pas dans ces conditions se charger de la responsabilité de la traduction et que le gouvernement colombien devrait alors se pourvoir d'un interprète.

Mais revenons aux allocutions prononcées par de Gaulle en espagnol devant la population sud-américaine. C'est du balcon du Palais national de Quito, le 24 septembre 1964, que celui-ci se lance pour la première fois dans la langue de Cervantes, et ce, une heure à peine après son arrivée sur le sol équatorien. Une fois n'est pas coutume, de Gaulle a revêtu ses lunettes et lit un texte (comme il le fera d'ailleurs à Montevideo ou au stade de Rancagua) : « *Ecuatorianos ! Saludo al Ecuador en nombre de Francia. A pesar de las distancias, que proximos estan nuestros dos paises, tanto por la mente como por el alma ! Mucho tiempo aislado en sus montes, el pueblo ecuatoriano participa hoy en todas las corrientes del mundo. Con sus tierras fecundas, con sus hombres preparados y valientes, el Ecuador quiere que su destino sea de independencia y de progreso. En cuanto a Francia, ya sabéis quien es. Conocéis los esfuerzos que ha hecho en el curso de su Historia por la libertad de los pueblos. Sabéis que en nuestro siglo, Francia trata de ayudar a los demàs a avanzar por el camino de la civilización. Asimismo, el Ecuador y Francia tienen hoy, mas que nunca, todo lo que se requiere para un mutuo entendimiento, para avenirse y para cooperar. Viva El Ecuador!* » (Équatoriens ! Je salue l'Équateur au nom de la France. Ah ! Comme nos deux pays, malgré les distances, sont proches l'un de l'autre par l'esprit et par le cœur ! Longtemps isolé dans ses montagnes, le peuple équatorien participe maintenant à tous les courants du monde. Avec ses terres fécondes, avec ses hommes valables et courageux, l'Équateur veut que son destin soit l'indépendance et le progrès. Quant à la France, vous savez qui elle est. Vous savez quels efforts elle a faits dans son Histoire pour la liberté des peuples. Vous savez qu'en notre siècle elle a tâché d'aider les autres à avancer dans la civilisation. Ainsi, l'Équateur et la France ont, aujourd'hui plus que jamais, tout ce qu'il faut pour se comprendre, s'entendre et coopérer. Vive l'Équateur !)

Des discours comme celui-ci, de Gaulle va en prononcer à six autres occasions : le 25 à Lima

(Pérou) du balcon du palais municipal, le 28 à Cochabamba (Bolivie) du balcon de la préfecture, le 2 octobre au stade de Rancagua (Chili), le 3 à Buenos Aires (Argentine) sur la place de France, le 6 à Assomption (Paraguay) du balcon du palais présidentiel, ou encore le 8 à Montevideo (Uruguay) du balcon de la Maison du Gouvernement. En revanche, il ne s'exprimera pas en portugais lors de son passage au Brésil contrairement à ce qui était envisagé à l'origine.

L'étude de l'ensemble de ces interventions en espagnol permet de dresser une série de points communs. De Gaulle commence de façon quasi systématique par l'interpellation exclamative : « Équatoriens ! », « Péruviens ! », « Mes amis Boliviens ! », « Paraguayens ! », « Uruguayens ! ». Pour finir en lançant « Vive l'Équateur ! », « Vive le Chili ! » ou « Vive la République argentine ! ». Chaque fois, il adopte la marque du respect en apportant le « salut » de la France qu'il incarne : « Je salue l'Équateur au nom de la France », « La France, terre d'Histoire et de civilisation, salue le Pérou », « Aujourd'hui, la France vient vous voir » (Bolivie), « Par ma voix, la France salue l'Argentine ». Multipliant les formules simples et jouant sur la répétition, il met l'accent sur la proximité entre son pays et celui qui l'accueille : à Cochabamba, il déclare à trois reprises « la Bolivie, comme la France… » ; de même à Assomption, il répète deux fois « le Paraguay, comme la France… ». De Gaulle use du registre de l'émotion, de l'amitié, parfois proche de la déclaration d'amour : aux Équatoriens, il lance « Comme nos deux pays, malgré les distances, sont proches l'un de l'autre par l'esprit et par le cœur ! » ; aux Péruviens, il dit que « la France de la paix et du progrès aime et estime le Pérou » ; « Cette amitié, la France la rend de tout cœur à l'Uruguay ». Plus encore, le Général flatte son auditoire en mettant en valeur ses qualités : les Équatoriens sont « des hommes valables et courageux » ; les Boliviens « un peuple fier, courageux, indépendant » ; la France connaît le « courage », la « fierté » et la « valeur » des Chiliens. Les propos se veulent aussi plus politiques : les termes de « liberté des peuples », d'« égalité », de « fraternité des hommes », de « progrès », d'« équilibre », de « paix » et d'« indépendance » reviennent très souvent dans la bouche du Général. Car ses discours sont tournés vers le futur et relèvent du registre de l'appel : « L'Équateur et la France ont... tout ce qu'il faut pour se comprendre, s'entendre et coopérer » ; « la France offre au Pérou de coopérer plus étroitement encore avec elle » ; « la France aperçoit avec joie le grand avenir du Chili » ; « la République d'Argentine et la République française doivent s'aider l'une l'autre afin de servir ensemble le progrès... » ; « Aujourd'hui, vous et nous devons, en nous unissant, servir partout dans le monde » (Uruguay).

Par l'emploi de la langue espagnole, la brièveté des interventions, la simplicité des mots, le recours à la répétition, à la mobilisation des affects, aux propos flatteurs et encourageants, de Gaulle use ici de techniques de persuasion (qu'on pourrait presque qualifier de manipulatoires et de démagogiques) visant à emporter la croyance des foules. En s'adaptant aux circonstances, en travaillant la présentation de ses discours tant dans la forme que dans le fond, en instaurant une relation fondée sur la séduction et la fusion, il réussit non seulement à marquer les esprits mais surtout à susciter autour de sa personne une véritable adhésion.

Si à Lima (Pérou), la foule est « plus curieuse qu'enthousiaste » à l'écoute de l'allocution gaullienne qui dure trois minutes, la population répond « par une immense ovation » à Cochabamba (Bolivie). Au stade de Rancagua (Chili), où une foule compacte est venue « autant pour la fête de la commémoration que pour voir de Gaulle », sa brève allocution en espagnol « fut hachée d'applaudissements frénétiques ». Le correspondant du journal *Le Monde* ajoute : « Il aurait aussi bien pu réciter la table de multiplication. Le public bon enfant et joyeux lui était évidemment acquis d'avance [1]. » En revanche, dans certaines villes telles que Quito et

---

1. *Le Monde*, 2 octobre 1964.

Cochabamba, la population indienne présente ne comprit pas le discours du président en espagnol qui constituait pour elle une langue aussi étrangère que le français.

À lire les dépêches des ambassadeurs français, la tournée de De Gaulle en Amérique du Sud fut triomphale. En Colombie, « l'importance de la multitude venue saluer le général de Gaulle » est évaluée à quatre cent mille personnes. « Compte tenu de la population de la capitale, ce nombre est considérable, d'autant plus que le séjour présidentiel eut lieu en semaine. Cette foule qui était dans la rue, le soir de l'arrivée, s'y retrouvait le lendemain tout au long des divers itinéraires suivis par le cortège. » Au Pérou, « jamais aucun événement n'avait fait l'objet dans ce pays d'un tel retentissement », déclare sans mesure l'ambassadeur Koenigswarter, ajoutant : « Plus de 1 400 articles de quotidiens et hebdomadaires ont été consacrés à la visite ; la radio, la télévision et le cinéma ont, de leur côté, utilisé au maximum le matériel de propagande que nous avons mis à leur disposition à cette occasion, et un film d'actualités particulièrement réussi sur le déroulement des cérémonies est projeté depuis plusieurs semaines dans les salles de la capitale et en province, l'apparition du général de Gaulle, notamment lorsqu'il se mêle à la foule pour y serrer des mains, étant chaque fois accueillie par des applaudissements. » Quant aux Paraguayens, « par nature peu démonstratifs », ils ont « ménagé à de Gaulle un accueil exceptionnellement exubérant, joyeux et bon enfant ».

De Gaulle y va également de sa plume. Dans un courrier qu'il adresse le 10 octobre 1964 à son Premier ministre Georges Pompidou, il écrit : « Mon cher ami, Tout à l'heure, départ de Montevideo, où le sentiment public s'est montré tout particulièrement éclatant. »

L'aspect triomphal de ce voyage ne tient pas seulement à l'importance des foules drainées ni aux efforts pour assurer sa couverture médiatique dans les meilleures conditions possibles. Il répond aussi à sa durée – près d'un mois – et à la performance qui lui est associée. Car si de Gaulle déclare non sans humour à l'issue de son périple qu'« évidemment, c'était un peu rapide, mais c'est un voyage qui nous a tous requinqués ! », il est certain que celui-ci fut harassant pour un homme alors âgé de soixante-quatorze ans qui s'était fait opérer cinq mois plus tôt de la prostate. Cette performance « sportive » est d'ailleurs largement soulignée par la presse : « Dans l'ensemble, les journaux ont mis en valeur "l'exploit" qu'a représenté à leurs yeux le voyage de de Gaulle en Amérique latine, l'étonnante résistance physique et l'agilité intellectuelle du chef de l'État qui s'est imposé comme "le dirigeant le plus solide" du monde occidental. » Ce que note également

Adenauer dans une lettre envoyée au Général le 17 octobre : « Je me réjouis de tout cœur de voir vous-même et Mme de Gaulle heureusement rentrés de ce voyage, représentant une dépense physique extraordinaire. Je vous félicite et vous remercie du grand succès que vous avez obtenu, non seulement pour vous et votre pays, mais encore pour notre pays et pour l'Europe occidentale. »

Si le succès fut incontestablement au rendez-vous – à tel point que, dans les mois qui suivirent, le couple présidentiel reçut de nombreux courriers aux requêtes variées, à l'image de ce maire chilien demandant à ce que le nom de De Gaulle soit donné à la clinique de sa ville, ou de cet ouvrier équatorien souhaitant qu'Yvonne de Gaulle soit la marraine de sa fille venant de naître – c'est aussi parce que le terrain fut largement balisé en amont. Une fois de plus, la propagande entreprit un important travail pour préparer les esprits. Le service de presse et d'information du Quai d'Orsay adressa une masse impressionnante de documents, brochures, plaquettes et photos sur la France et de Gaulle, aux dix ambassadeurs chargés de les redistribuer en direction de la presse locale : « Cette documentation considérable qui représente un poids de 68 000 livres réparti en 1 350 colis est en fait la suite logique du travail accompli par la section Amérique du Sud de mon service depuis sa création. Notre section a édité, depuis 1957, 564 documents et

58 brochures en langue espagnole. Depuis 1961, 165 documents et 32 brochures ont été éditées en portugais. Au total, la section Amérique du Sud a distribué 3 millions et demi d'exemplaires de documents et brochures. »

Et pour que l'accueil soit à la hauteur des espérances, certains ambassadeurs n'hésitent pas à solliciter leur ministère en vue d'obtenir un soutien logistique ou financier. L'ambassadeur de France en Équateur réclame ainsi 200 drapeaux en étamine, 200 oriflammes, 300 mètres de banderoles en étamine, 1 000 drapeaux et 5 000 petits drapeaux pour les écoles et la population. Quant à La Sablière, il souhaite encourager « un ou plusieurs comités d'accueil officieux » de Bogota et « faciliter leur tâche au point de vue matériel en participant, avec la discrétion désirable, à leurs frais de correspondance, d'achat de drapeaux et banderoles, de transports et divers du même ordre. Comme il s'agit de remuer les masses – ajoute-t-il – je considère qu'il me faudrait au moins 20 000 pesos, soit 10 000 francs pour ne pas être gêné dans nos possibilités d'action ».

À ce tableau coloré, certaines nuances méritent d'être apportées en tenant compte de la diversité des réalités locales. L'accueil des populations fut en effet inégal selon les pays, ce que résume assez bien le journal *Le Monde* en ces termes : « Sympathique sans excès à Caracas, fervent et grave à Bogota, exubérant et débridé à Quito, curieux et distingué à Lima, émouvant à Cochabamba. » À Montevideo, la population fut enthousiaste malgré la pluie diluvienne qui s'abattit sur le cortège. La fin du voyage au Brésil fut en revanche quelque peu bâclée et estompée par l'annonce du limogeage de Khrouchtchev en URSS. Enfin, le séjour en Argentine fut perturbé par des manifestations péronistes qui limitèrent les contacts entre de Gaulle et la population.

C'est au niveau politique que les résultats de ce voyage furent assez maigres. Sa tonalité antiaméricaine et la politique de la « troisième voie » prônée par de Gaulle ne reçurent pas toujours un accueil favorable de la part des responsables latino-américains. Le gouvernement péruvien accueillit avec réserve le thème de la latinité développé par celui-ci, répondant que l'union des Latins est plus sentimentale que politique. Le président chilien Alessandri expliqua à son homologue français que les relations de son pays avec les États-Unis n'étaient « pas du tout mauvaises » et que de toute façon le Chili dépendait beaucoup de l'assistance économique américaine. Quant aux autorités colombiennes, leur refus de permettre à de Gaulle de s'adresser directement aux citoyens de Bogota tint surtout au souci d'éviter « tout prétexte d'agiter la rue, notamment contre les États-Unis ». De même, le fait que de Gaulle ait dû attendre d'être au Chili, sixième pays visité, pour pouvoir établir un contact direct avec les étudiants à l'université, témoigne de la méfiance des dirigeants quant à d'éventuels propos de leur hôte susceptibles d'entraîner des manifestations antigouvernementales et antiaméricaines.

Les autorités américaines suivirent d'ailleurs de près le périple de De Gaulle. Si l'ancien président Truman indiqua que celui-ci « a tort de mettre le nez dans nos affaires : il pourrait bien se le faire couper », le président en fonction Lyndon Johnson préféra jouer la carte de la discrétion, c'est-à-dire de l'ignorance. Mais l'irritation fut bien là. Dans un rapport du 30 septembre 1964, le diplomate français à Washington, Hervé Alphand, souligne « l'absence de plusieurs ambassadeurs des États-Unis aux cérémonies marquant le passage du général de Gaulle dans les différentes capitales d'Amérique du Sud », « signe d'un manque d'intérêt » et du « souci de garder une certaine distance à l'égard de ces manifestations ».

En réalité, en Amérique latine, malgré ses ambitions de « grandeur », de Gaulle ne fit rien de plus que s'aventurer symboliquement sur le domaine réservé de l'Oncle Sam, la France n'ayant pas les moyens de se substituer sur place à la puissance américaine. Pour y avoir multiplié les interventions militaires, installé et défait des régimes, fourni des armes, de l'argent, de l'aide alimentaire et économique (comme l'Alliance pour le Progrès sous

Kennedy) ou encore soutenu des réformes, les États-Unis conservent sur son continent une influence prépondérante... qui s'exprime également dans le domaine linguistique.

Comme le rapporte une note consacrée à la situation de la langue française en Amérique latine, celle-ci n'est pas « satisfaisante », malgré les efforts des différentes Alliances françaises : « Dès 1925, la conquête du continent par les États-Unis provoque un recul du français qui prend figure de langue "inutile", qu'on étudie encore mais qu'on parle de moins en moins, chez les hommes surtout... L'effort américain semble tendre de plus en plus non seulement à la diffusion de l'anglo-américain mais à l'éviction du français. Il est vraisemblable que les campagnes qui tendent à présenter le français comme une langue difficile, corrompue et fort peu utile, ne sont pas spontanées. » Pour preuve le cas du Brésil où « le français est devenu facultatif dans l'enseignement secondaire. Une seule langue vivante est désormais obligatoire et c'est, en fait, l'anglais ou l'espagnol qui sont choisis ».

Au final, incapable de faire face à la toute puissance politique, militaire et économique des États-Unis, de Gaulle privilégia en Amérique du Sud l'atout culturel. Pour cela, il mit l'accent sur la « latinité » commune et proposa à certains pays comme l'Argentine une coopération dans le domaine de l'enseignement. Enfin, il prit soin de s'exprimer à plusieurs occasions en espagnol, moyen simple mais efficace (et peu coûteux) pour contrer à sa façon l'influence grandissante de l'anglais dans cette partie du monde.

Le discours amoureux du balcon

> « C'est le magnétisme personnel du chef de l'État qui a réussi à électriser des foules habituellement passives et à faire de cette visite l'un des événements qui compteront dans l'histoire du Mexique moderne. »
>
> Raymond Offroy,
> rapport du 8 avril 1964.

C'est au cours d'un voyage effectué au Mexique quelques mois plus tôt – du 16 au 19 mars 1964 – que de Gaulle s'initie à la langue espagnole, sorte de galop d'essai avant son grand périple sud-américain. À cette occasion, un conseiller du Quai d'Orsay en la personne de Raoul Spitalier est mis à sa disposition. Celui-ci se voit chargé d'aider le Général à se familiariser avec la prononciation en espagnol, le président de la République devant prononcer une allocution dans cette langue en direction de la population de Mexico.

Plusieurs interprètes sont également recrutés par l'ambassadeur de France au Mexique, Raymond Offroy : « Pour les discours, j'ai pressenti M. Raul Ortiz, mexicain bilingue, qui est le chef de cabinet du recteur de l'Université ; le recteur et l'intéressé ont donné leur accord ; M. Ortiz parle admirablement le français, sans aucun accent, et, de plus, il a fait une carrière théâtrale ; dans ces conditions, sa voix porte bien et il ne devrait pas être intimidé par la foule... Pour les conversations, j'ai choisi le professeur Vieillard-Baron, qui est membre de notre mission universitaire. Il a de la prestance et saura, j'espère, s'imposer ; il connaît à fond les deux langues et fut choisi, lorsqu'il était au Maroc, par le général Guillaume pour lui interpréter les conversations que le résident général de France avait avec son collègue de la zone espagnole ; depuis lors, il a passé cinq ans au Costa Rica où il enseignait en espagnol. Je vais faire un test avec un ami mexicain la semaine prochaine et je pense qu'il sera satisfaisant ; nous pourrions adjoindre à M. Vieillard-Baron notre attaché culturel intérimaire, M. Jean Sylvain Pradeau, qui n'a ni la même autorité, ni le même standing, ni la même expérience, mais qui pourrait servir de suppléant, le cas échéant. Il me paraît donc utile d'amener un agent bilingue. »

Deux semaines plus tard, Offroy câble à nouveau à son ministère : « J'ai obtenu l'assurance que les interprètes seront placés dans des voitures proches de celle du général de Gaulle, qui sera d'autre part toujours accompagné par une personnalité parlant le français. Il faut cependant noter qu'aucun interprète n'est prévu pour la voiture découverte dans laquelle monsieur le président de la République effectuera, accompagné de M. Lopez Mateos, le trajet qui le conduira de l'aéroport au Palais national et ensuite à la résidence de Los Pinos le jour de son arrivée. Compte tenu de l'atmosphère assez bruyante que provoquera l'enthousiasme populaire, il m'est affirmé qu'aucune conversation entre les deux présidents ne sera alors possible. »

Du côté français comme dans le camp mexicain, le désir de donner un éclat particulier à ce voyage officiel semble être partagé. De Gaulle souhaite réintroduire la France sur la scène internationale et trouver au Mexique un terrain favorable à sa contestation de l'hégémonie américaine. Pour le président mexicain Lopez Mateos qui s'est rendu en France en 1963, cette visite offre à son pays l'occasion de prendre quelque distance vis-à-vis des États-Unis sans pour autant remettre en cause son appartenance au camp occidental.

Les mesures prises de part et d'autre sont à la hauteur de l'événement. À Mexico, deux immenses portraits – sans grande valeur artistique selon l'ambassadeur français – de Lopez Mateos et de De Gaulle ont été placés sur la haute tour de la Loterie nationale et des avions ont fait pleuvoir sur la ville des milliers de tracts conviant le peuple à venir en masse. Comme le 16 mars, jour d'arrivée du président français au Mexique, est férié, les grandes centrales ouvrières ont décidé que deux cent cinquante mille travailleurs amenés par camions feront la haie depuis l'aéroport jusqu'à la grande place du Zocalo, soit sur plus de huit kilomètres, et que cent cinquante mille autres seront massés sur la place elle-même. Des hommes de troupe doivent de leur côté s'installer sur les terrasses pour faire au Général un véritable accueil « à l'américaine » en projetant sur lui d'innombrables confettis.

La France n'est pas en reste : un important travail de propagande en direction des médias et de l'opinion mexicaine a été réalisé par la direction des services d'information et de presse du Quai d'Orsay. Un film intitulé tout simplement *La France et de Gaulle* a été envoyé pour être diffusé dans les salles de cinéma du pays, tandis qu'une pochette tirée à trois mille exemplaires – contenant une photo, une biographie du Général, un dépliant illustré sur le drapeau tricolore, un disque de *la Marseillaise*, trois cartes de la France et une brochure sur *La France et son peuple* – a été adressée aux journalistes locaux. Ces derniers ont également reçu une centaine d'articles destinés à être donnés tels quels aux journaux pour être repris par les rédacteurs, de même qu'une série de papiers sur de Gaulle, signés par des personnalités françaises importantes comme André Malraux, François Mauriac, Raymond Aron ou Maurice Schumann.

Le voyage au Mexique se présente donc sous les meilleurs auspices. En France, il a été annoncé à sa façon par l'ORTF dès le 2 mars dans le cadre de la célèbre émission pour enfants *Bonne nuit les petits*. Venu embrasser comme à son habitude Nicolas et Pimprenelle, le personnage de Nounours leur annonce son départ prochain pour le Mexique. Pour lui permettre de se protéger de la chaleur, Nicolas lui donne son chapeau et Pimprenelle son éventail. Après leur avoir montré dans un atlas la localisation du pays puis expliqué quelle langue on parlait là-bas, Nounours prononce quelques mots en espagnol...

Au Mexique, l'arrivée de De Gaulle est précédée d'un heureux événement. Par l'entremise de son ambassadeur, la France a procédé à la remise de trois drapeaux mexicains saisis cent ans plus tôt, en 1863, par le corps expéditionnaire français et exposés depuis aux Invalides. L'événement, qui s'est déroulé à Mexico, a été accueilli par des manifestations de joie patriotique et a même été retransmis à la télévision locale [1].

Le 16 mars 1964, à 13 heures, la caravelle du général de Gaulle atterrit donc sur l'aéroport de Mexico après une escale à Mérida. À sa descente d'avion, le président français est accueilli par Mariscal, le chef du protocole mexicain, puis par le président Lopez Mateos. Protocole oblige, les deux hymnes nationaux sont exécutés, suivis de brèves allocutions. Après la revue des troupes, les deux présidents montent en voiture et prennent le chemin de la capitale mexicaine sous un nuage de confettis bleus, blancs, rouges.

Le cortège arrive place de Zocalo, où se trouve le Palais national. Une foule de trois cent mille personnes s'y est massée. Les deux présidents montent au premier étage du Palais et se rendent au balcon central pour s'adresser à la population. Après s'être rapidement exprimé, le président Mateos laisse la parole à de Gaulle (en fait, un troisième homme se trouve également sur le balcon : il s'agit du « souffleur » du président français au cas où ce dernier viendrait à se tromper ou à perdre le fil de son discours) qui se lance :

« *Mexicanos. Traigo a Mexico el saludo de Francia !*

---

[1]. Jugeant cette restitution opportuniste et destinée à amadouer les Mexicains, *Le Canard enchaîné* parlera de « Puebla-bla-bla ».

Francia saluda Mexico con amistad. Mi pais, ardiente, soberbio y libre, esta atrahido por el vuestro, libre, soberbio y ardiente. No existe ninguna doctrina, ningun pleito, ningun interés, que nos opongan. Al contrario! Muchas razones nos convidan a acercarnos.

Francia saluda Mexico con respecto. Sabemos a que imponentes origenes americanas asciende vuestra nación. Sabemos con que valor habeis conquistado y mantenido vuestra independencia. Sabemos que immenso esfuerzo de liberación del hombre y de desarrollo moderno representa vuestra revolución. Y vosotros, Mexicanos, sabeis cuanto los franceses, durante su larga y dura vida de pueblo, han luchado por la libertad y la dignitad de los hombres. Sabeis como, ahora, ellos trabajan con sus manos, con su cabeza y con su corazón para elevar su pais y para poder ayudar muchos otros.

Francia saluda Mexico con confianza. El mundo en que vivimos está en completa transformación. Pero también, está amenazado de sufrir pruebas espantosas. Desde luego, los problemas que se presentan a todos los Estados se llaman el progreso y la paz. Para resolverlos nada es más importante que la cooperación de dos paises como los nuestros, que ayer escucharon el mismo ideal, que hoy siguen el mismo camino y que, para mañana se sienten llamados a un mismo porvenir.

He aqui pues lo que el pueblo frances propone al pueblo mexicano : Marchemos la mano en la mano !»

(Mexicains ! J'apporte au Mexique le salut de la France !

La France salue le Mexique avec amitié. Mon pays, ardent, fier et libre, est attiré par le vôtre, libre, fier et ardent. Il n'existe aucune doctrine, aucune querelle, aucun intérêt, qui nous opposent. Au contraire ! Beaucoup de raisons nous engagent à nous rapprocher.

La France salue le Mexique avec respect. Nous savons à quelles imposantes origines américaines remonte votre nation. Nous savons avec quel courage vous avez conquis et maintenu votre indépendance. Nous savons quel immense effort de libération de l'homme et de développement moderne représente votre révolution. Et vous, Mexicains, vous savez combien les Français, tout au long de leur longue et rude vie de peuple, ont lutté pour la liberté et la dignité des hommes. Vous savez comment, à présent, ils travaillent de leurs mains, de leur tête et de leur cœur, pour élever leur pays et pour en aider beaucoup d'autres.

La France salue le Mexique avec confiance. Le monde où nous vivons est en complète transformation. Mais aussi, il est menacé de subir d'épouvantables épreuves. Les problèmes qui, de ce fait, sont posés à tous les États, appellent le progrès et la paix. Pour les résoudre, rien n'est plus important que la coopération de deux pays comme les nôtres, qui hier écoutèrent le même idéal, qui aujourd'hui suivent la même route et qui, pour demain, se sentent appelés à un même avenir.

Voici donc ce que le peuple français propose au peuple mexicain : Marchons la main dans la main !)

Contrairement à ce qui se passera quelques mois plus tard en Amérique latine, de Gaulle ne prononce pas ici de brèves paroles en espagnol mais une véritable allocution de plusieurs minutes s'achevant sur la formule devenue célèbre et presque légendaire : « *Marchemos la mano en la mano.* » Belle formule en effet que cet appel lyrique, lancé du balcon du Palais national, à marcher main dans la main, comme deux amis ou des amants, repris aussitôt par les médias du monde entier.

Pourtant, sur le moment, le discours de De Gaulle en espagnol ne suscite pas un enthousiasme délirant. Pour le journal *Le Monde*, ce qu'il qualifie de « performance ne fut peut-être pas ressentie et appréciée comme telle par la foule ; en tout cas, celle-ci ne manifesta pas un enthousiasme proportionné à l'exploit et se limita à une rumeur approbative de volume normal, donnant même l'impression d'une relative tiédeur qui contrastait avec ce que l'on avait pu voir un peu avant ». Un sentiment partagé par l'ambassadeur Offroy qui précise que « l'accueil réservé à la harangue de Monsieur le président de la République aux Mexicains du Zocalo fut chaleureux sans être délirant. Il ne faut pas oublier en effet que le peuple d'origine indienne, qui était ce jour-là en grande majorité, n'est pas très démonstratif, l'oppression qu'il a subie au temps de la domination aztèque comme à l'époque coloniale, durant les bouleversements de la guerre d'Indépendance comme pendant les soubresauts de la Révolution, l'a incité, sans aucun doute, à faire preuve en toute circonstance d'une attitude assez calme et parfois passive ».

La suite du programme du général de Gaulle au Mexique prend une tournure plus classique : l'après-midi du 16 mars est consacré à des entretiens politiques avec le président Mateos à Los Pinos suivis d'une visite à l'Hôtel de Ville. Le lendemain, de Gaulle assiste à une cérémonie à la Colonne de l'Indépendance puis se rend dans une cité ouvrière. Après un déjeuner servi au Palais national – au cours duquel de Gaulle, répondant au toast de son homologue mexicain, met l'accent sur l'idée de coopération entre les deux pays –, une rencontre au Palais du Parlement avec les membres du Sénat et de la Chambre des députés est organisée. Invité à prendre la parole, le Général revient à nouveau sur la nécessité de développer entre les deux pays une coopération à la fois économique, politique, culturelle, scientifique et technique. Sans les citer directement, le président français fait allusion aux États-Unis quand il déclare : « Le Mexique, qui, sans méconnaître aucunement ce qu'ont de naturel et de fécond les relations massives qu'il entretient avec son grand voisin du Nord, est attiré par toutes sortes d'affinités vers les pays européens et, d'abord, j'ose le dire, vers le mien. » Il ajoute : « Dès lors, pour la France et le Mexique, de part et d'autre de l'Océan, le resserrement de leurs rapports politiques directs comptera sans doute heureusement dans le destin de nos deux peuples et dans celui de tous les hommes. Comme l'a dit Lopez Mateos : *"Hagamos del mar un camino de la libertad, la paz y la esperanza humana."* (Faisons de la mer un chemin de la liberté, de la paix et de l'espérance humaine.)

Ce genre de citations en espagnol, de Gaulle les affectionne tout particulièrement. S'exprimant dans la matinée du 18 mars à l'université de Mexico, le Général achève son discours – suivi, selon Offroy, avec une grande attention du public « bien que la majorité de l'auditoire ne fût pas en mesure de comprendre la version française de ce texte » – en faisant référence au philosophe mexicain Antonio Caso (1883-1945) : « Dès lors, quel rôle peuvent, dans cette vaste évolution, jouer ensemble un pays comme le vôtre et un pays comme le mien, à condition qu'ils sachent que, suivant le mot d'Antonio Caso, *"No hay virtud que sea debil"* » (Il n'y a pas de vertu dans la faiblesse).

Pour l'ambassadeur Offroy, ce déplacement de De Gaulle à l'Université constitue le moment paroxysmique du voyage en raison de l'enthousiasme populaire qui parvient « à son comble ». Au dire du diplomate, la sincérité profonde de la population ne répond plus alors, comme dans les jours précédents, à des consignes, mais à une joie totalement spontanée de la part d'un peuple désireux de s'« approcher » au plus près du président français. Pour preuve son arrivée à l'Université, au cours de laquelle de Gaulle se voit contraint de descendre de voiture tant la foule est nombreuse et impatiente de le voir. « Littéralement porté par des grappes d'étudiants hurlant » son nom, de Gaulle se fraie difficilement un passage jusqu'aux bâtiments universitaires. Offroy raconte encore : « J'entendis moi-même le reporter d'Europe numéro 1 dire dans son micro : "Je suis debout sur le ventre d'un général mexicain, ce qui me permet de voir le spectacle inouï de l'enthousiasme des jeunes de ce pays." » Bien qu'il ait déclaré plus tard à son ambassadeur « Ils sont bien excités vos étudiants mexicains ! Et quelle pagaille ! », de Gaulle fut ravi de cette ovation digne d'un accueil de rock star.

Plus calmes, les festivités organisées quelques heures après à l'ambassade de France n'en sont pas moins fastueuses. Le déjeuner en l'honneur du président Lopez Mateos réunit plus de quatre cents invités. Au menu : langouste, poularde truffée à la Périgourdine, foie gras, salade verte, fromages variés, glace et café. Quant au cocktail organisé à 18 heures pour deux mille personnes, les organisateurs ont confectionné quelque dix mille canapés et prévu de servir un nombre important de coupes de champagne, suscitant un véritable casse-tête arithmétique : « Si l'on admet que les 8 caisses de Heidsieck 59 seront utilisées pour le déjeuner de 400 personnes, plus la table d'honneur, soit 425 au total, il nous reste, pour les réceptions de l'après-midi, 44 caisses, soit en comptant 6 coupes par bouteille (avec le coulage inévitable dans ce genre de réceptions), un total de 3 168 coupes. Étant donné que nous prévoyons 2 000 personnes à la réception de la colonie française et 150 à celle des personnalités mexicaines, si nous voulons réserver, en moyenne, à chaque personne 2 coupes de champagne, soit 4 300 en total, il nous reste un déficit de 1 132 coupes, soit environ 190 bouteilles, c'est-à-dire à peu près 16 caisses. ».

En dépit des confettis, des bulles de champagne, des débordements d'enthousiasme et de l'importante couverture médiatique, le bilan du voyage au Mexique est assez limité en termes politiques puisque les deux pays se contentent de signer un accord de coopération d'importance modeste (même si l'une des conséquences concrètes du voyage sera la signature quelques années plus tard d'un contrat pour la construction d'un métro à Mexico). Une fois de plus, le décalage entre les ambitions du président et ses moyens est patent ! Face au géant américain, la puissance moyenne que constitue la France n'est pas en mesure de jouer un véritable rôle économique et financier notable auprès d'un pays tel que le Mexique.

Reste que de Gaulle a réussi à frapper les esprits, à se démarquer et à accroître le rayonnement de la France dans cette région du monde. En restituant quelques drapeaux aux Mexicains, il leur a rendu une part de souveraineté et suscité une intense ferveur patriotique. En s'exprimant en espagnol, il a honoré en langue une nation et un peuple tout entier. En se rendant sur place, il a défié les États-Unis et montré que la France pouvait mener une politique à la fois libre et indépendante. À la veille de son départ, il donne d'ailleurs comme consigne à son ambassadeur : « Plantez-moi un drapeau français, ici, aux portes des États-Unis ! »

Car la tonalité antiaméricaine du voyage ne fit aucun doute pour personne. Si les principaux journaux américains soulignèrent la chaleur de l'accueil et citèrent en entier le discours en espagnol, d'autres comme le *New York Herald Tribune* préférèrent mettre l'accent sur le fait que de Gaulle ne parvint pas à susciter le même enthousiasme que le président Kennedy lors de son voyage au Mexique en 1962.

Se démarquer

« Dites bien au général de Gaulle que nous le recevrons mieux que Kennedy ! »

Le directeur de cabinet de Lopez Mateos à Raymond Offroy, 5 août 1963.

Dans une instruction adressée le 6 janvier 1964 par le Quai d'Orsay à l'ambassadeur Raymond Offroy, on peut lire ceci : « Le séjour du Général [au Mexique] devant avoir un caractère exceptionnel, il serait bien que l'on envisageât, si possible, une manifestation également exceptionnelle, c'est-à-dire d'un genre un peu différent de ce qui se fait habituellement pour les visites des chefs d'État. »

Faire en sorte que de Gaulle, lors de ses voyages à l'étranger, puisse se démarquer des autres chefs d'État constitue une priorité des services de la présidence de la République française et du protocole au Quai d'Orsay. Personnage exceptionnel, de Gaulle doit pouvoir bénéficier d'un programme exceptionnel taillé à sa mesure. Personnage unique, il doit pouvoir marquer sa différence à l'intérieur d'un protocole souvent contraignant par sa répétition et sa rigidité.

Pour satisfaire cette exigence, le programme des déplacements des autres dirigeants à l'étranger est observé à la loupe. Ainsi, en avril 1964, l'ambassadeur de France en Argentine réussit à récupérer le détail du séjour que prévoit d'entreprendre en mai le président de la RFA, Heinrich Luebke, en Amérique latine (soit quelques mois avant de Gaulle) : « Par rapport à celui du Général à Mexico, il ne comporte guère de contacts avec la foule (pas d'allocution au balcon) ni avec l'université, ni non plus de représentation théâtrale. Je pense qu'il me faudra obtenir quelque chose dans ces trois domaines. » Les moindres détails ont leur importance : constatant que « les autos dites officielles sont ici assez médiocres » et que les Allemands vont se charger du transport « par une suite de Mercedes », l'ambassadeur demande si le Général ne souhaiterait pas, pour sa part, « être transporté par des voitures françaises. Citroën m'a offert de s'en occuper mais devrait savoir suffisamment à l'avance ce qui sera décidé pour faire importer les DS qui ne sont pas fabriquées en Argentine ». Réponse du Quai d'Orsay : les DS conviendraient très bien pour les cortèges.

Deux semaines plus tôt, le chargé d'affaires français au Brésil a également adressé à Couve de Murville le programme du voyage de Luebke. Se voulant rassurant, il indique que « cette visite revêtira un caractère essentiellement protocolaire et qu'elle n'aura de ce fait qu'une faible portée politique et vraisemblablement très peu de répercussion dans l'opinion publique brésilienne ».

Dans le même ordre d'idées, les bilans des voyages de De Gaulle sont jugés en comparaison de ceux de ses « concurrents ». Dans une lettre du 2 novembre 1968 pour le directeur de cabinet du président de la République, Xavier de la Chevalerie, l'ambassadeur français en Turquie indique que « la visite s'est extrêmement bien passée. Ankara et Istanbul n'avaient connu pareil succès depuis la visite de Eisenhower. Encore beaucoup d'observateurs m'ont-ils déclaré que l'affluence pour Eisenhower avait été moindre que pour le général de Gaulle ». Et quatre ans plus tôt, l'ambassadeur de France au Brésil, La Chauvinière, notait déjà : « Aussi bien les observateurs brésiliens, français ou diplomates s'accordent à dire que lors des visites précédentes, qu'il s'agisse par exemple de celle du président Eisenhower ou plus récemment de celle du président Luebke, l'accueil n'a jamais revêtu l'aspect d'une manifestation de masse comme pour la visite du général de Gaulle. » L'honneur est donc sauf !

C'est avec les présidents américains – grands maîtres de la communication politique – que la concurrence se révèle la plus acharnée. Si la comparaison avec Eisenhower revient souvent dans les rapports français, les relations entre celui-ci et de Gaulle furent en réalité très amicales, comme l'illustre d'ailleurs leur rencontre à Paris en septembre 1959. L'événement fut couvert par la télévision française qui mobilisa pour l'occasion d'importants moyens techniques (une vingtaine de caméras furent installées au Bourget, à l'Étoile, à l'Hôtel de Ville et à l'Élysée) et assura plusieurs directs en Eurovision, notamment lorsque le président américain se rendit à l'Hôtel de Ville où, à l'issue d'un discours prononcé en anglais (traduit d'une traite et sans texte par le colonel Dick Vernon Walters qui l'accompagnait), il lança en français : « Je vous aime bien. » Dès le lendemain, ces quatre petits mots furent repris par l'ensemble de la presse française...

Les relations avec Kennedy furent en revanche plus complexes et teintées d'une certaine méfiance. Les deux hommes ne se sont rencontrés qu'une seule fois, lors de la visite que fit Kennedy à Paris du 31 mai au 2 juin 1961 avant de gagner Vienne où l'attendait Khrouchtchev. Une fois n'est pas coutume, c'est en anglais que le président français accueillit le couple américain : « *Have you made a good aerial voyage ?* » Kennedy était accompagné de sa femme Jackie mais aussi d'un staff de plus de deux cents personnes constitué des membres de son cabinet et de son équipe personnelle, d'agents des services secrets, de conseillers, de militaires, de journalistes et de traducteurs dont Foy Kohler, futur ambassadeur des États-Unis à Moscou.

L'accueil que réservèrent les Français au couple américain fut chaleureux. Un appel avait été lancé aux Parisiens par Julien Tardieu, président du conseil municipal, Jean Benedetti, préfet de la Seine, et Maurice Papon, préfet de police : « La sympathie et la reconnaissance qu'éprouve notre capitale à l'égard de la grande démocratie alliée, vous pourrez les manifester en pavoisant vos fenêtres avec le drapeau étoilé et le drapeau tricolore et en venant en grand nombre saluer chaleureusement le Président et Mme Kennedy sur le parcours qu'empruntera le cortège. » De son côté, de Gaulle prit soin d'organiser des réceptions fastueuses en l'honneur de ses hôtes. Un dîner fut servi le jeudi 1er juin dans la galerie des Glaces de Versailles, suivi d'un spectacle au théâtre Louis XV du château. Pour l'anecdote, notons qu'un ballet fut préféré à une pièce de théâtre que le président Kennedy aurait eu quelques difficultés à suivre dans la langue française !

Contrairement à son mari, Jackie Kennedy parlait parfaitement la langue de Molière. Les téléspectateurs français avaient pu s'en rendre compte en septembre 1960 lorsque celle-ci avait répondu dans notre langue aux questions d'un journaliste du magazine *Cinq colonnes à la une* venu l'interviewer à la Maison Blanche. Avec un accent assez charmant, Jackie avait évoqué ses origines françaises de par son père, John Bouvier, puis relaté son parcours d'étudiante à la Sorbonne après la guerre.

Lors de sa venue à Paris quelques mois plus tard, Jackie suscita l'enthousiasme des foules et des officiels, mais aussi l'intérêt de De Gaulle qui la décrit comme une femme brillante et cultivée. De son côté, Jackie ne cacha pas son admiration pour le président français dont elle avait traduit à son mari des passages de ses *Mémoires de guerre*. Cette admiration se ressent dans la lettre qu'elle lui adressera le 3 juin à son retour aux États-Unis : « Comment pourrais-je vous exprimer mes remerciements ? Je garderai de ce voyage un souvenir qui ne s'effacera jamais de ma mémoire. J'ai l'impression d'avoir vécu un rêve. Chacun a son héros dans toute l'Histoire. Mais ils sont presque toujours dans le passé – comme Louis XI, Louis XIV, Napoléon – dont vous m'avez parlé. J'ai eu le privilège, l'honneur et la bonne fortune de rencontrer le mien. Je vous demande pardon de vous écrire d'une façon si personnelle et j'espère que vous me pardonnerez mes fautes de français. Mes souhaits les plus sincères vous accompagneront toujours. Avec mes remerciements profonds, je vous prie de croire, à mes sentiments de sympathie respectueuse. Jacqueline Kennedy. »

Les entretiens qui se déroulèrent à Paris entre de Gaulle et Kennedy restèrent cordiaux mais firent apparaître de profondes divergences à propos de l'URSS, du programme atomique français, de l'avenir de l'Alliance atlantique et de la situation au Vietnam. Comme le précise l'historien André Kaspi dans *John F. Kennedy*, le jeune président américain comprit mal le sentiment national exacerbé de de Gaulle, considéré à ses yeux comme une forme d'archaïsme.

Si de Gaulle et Kennedy s'opposèrent sur beaucoup de points, l'un comme l'autre furent de grands voyageurs. Au cours des trois petites années que dura sa présidence écourtée par son assassinat, Kennedy effectua pas moins de huit déplacements à l'étranger (par comparaison, Roosevelt s'est rendu quatorze fois à l'étranger entre 1932 et 1945, Eisenhower à seize reprises entre 1953 et 1961) : au Canada en mai 1961, en Europe (Paris, Autriche, Angleterre) en mai-juin, en Amérique latine (Porto Rico, Venezuela et Colombie) et aux Bermudes en décembre, au Mexique en juin 1962, à Nassau en décembre, au Costa Rica en mars 1963 et en Europe (Allemagne, Irlande, Royaume-Uni et Italie) en juin-juillet. Largement médiatisés et mis en scène, ces voyages furent pour Kennedy un instrument fondamental dans la fabrication de son image comme nous le verrons plus loin à propos de son déplacement à Berlin en juin 1963.

La rivalité entre les deux hommes dans le domaine des voyages présidentiels est telle que les analyses comparatives atteignent des sommets de mesquinerie et de ridicule. C'est ainsi qu'un rapport français consacré à la participation populaire en Colombie lors du séjour sur place du Général prend soin d'indiquer qu'il se déroula en semaine : « Cela mérite d'être souligné car lors de la précédente visite d'un chef d'État étranger en Colombie, celle du président Kennedy, les estimations de l'époque ont donné à peu près le même nombre de spectateurs pour une visite qui avait lieu un dimanche matin et ne durait qu'un jour. » De même, le journal *Le Monde* insiste sur le fait que « de l'avis général, l'accueil réservé mardi soir par la capitale colombienne au général de Gaulle dépasse de loin celui qui avait été fait au président Kennedy [1] ». Quelques semaines plus tard, le quotidien notera encore : « Si on le compare aux tournées récentes des présidents Tito, Luebke et même Kennedy, le périple sud-américain du chef de l'État a soulevé des sillages plus brillants [2]. »

La réciproque fonctionne également. Du côté américain, les déplacements de De Gaulle à l'étranger

---

1. *Le Monde*, 24 septembre 1964.
2. *Ibid.*, 21 octobre 1964.

sont suivis de près mais les estimations ne s'accordent pas. Un document de la CIA (*Central Intelligence Agency*) daté du 7 octobre 1964 rapporte « qu'en général, de Gaulle a attiré des foules importantes et amicales, mais, au Venezuela et en Colombie, elles étaient deux fois moins nombreuses que lors de la visite du président Kennedy en 1961 » ! Et de rappeler qu'à Buenos Aires, la foule « n'était pas suffisamment dense pour couvrir le bruit et les turbulences créés par les péronistes qui cherchaient à exploiter la visite à leur profit ». Et d'enfoncer le clou en indiquant qu'au Paraguay, « le président du pays, Stroessner, a fait envoyer des camions dans beaucoup de *compesinos* pour « rafler » des gens et, ainsi, grossir la foule à Asuncion » !

Déjà, quelques mois plus tôt, le déplacement de De Gaulle au Mexique avait fait l'objet d'une surveillance discrète de la part des services secrets américains. La CIA pronostiqua que « cette visite [aurait] toutes les chances d'être un succès de propagande considérable pour de Gaulle », ajoutant : « Il n'y a pas de doute que ses discours, présentant la France comme une troisième voie face aux deux blocs, plairont aux Mexicains. » Le 18 mars 1964, soit quatre semaines avant le départ du Général pour le Mexique, le texte de la principale allocution qu'il prévoyait de faire sur la grande place de Mexico fut même intercepté par la NSA (*National Security Agency*) et transmis aussitôt à McGeorge

Bundy, le conseiller pour les affaires de sécurité du président Lyndon Johnson (qui succéda à Kennedy après son assassinat en novembre 1963). La lecture du projet de discours du président français suscita ce commentaire : « [Johnson] devrait inclure dans ses remarques publiques pendant le voyage de Lopez Mateos [qui doit se rendre aux États-Unis peu de temps après la visite du président français au Mexique] un peu de ce parfum latin que de Gaulle exploite si magnifiquement dans ce projet de discours [...] et de cette mystique révolutionnaire[1]. »

---

1. Cité par Vincent Jauvert dans *L'Amérique contre de Gaulle*.

Surpasser

« Aussi longtemps que nous vivrons, nous ne retrouverons jamais un jour comme celui-ci. »

J.F. Kennedy, à propos de son voyage à Berlin.

Le voyage de John Fitzgerald Kennedy en RFA et plus particulièrement à Berlin-Ouest en juin 1963 constitue probablement le déplacement le plus important que celui-ci effectua au cours de sa brève présidence. Par le symbole que représentait alors la ville de Berlin, par l'incroyable accueil qu'il reçut de la population, par son énorme couverture médiatique, par la force du discours qu'il prononça place Rudolph-Wilde, tout concourut à faire de ce voyage un véritable événement.

La stratégie de communication américaine reposa sur un principe simple : voir et être vu. Cette politique de la visibilité s'appuya sur une mise en scène minutieusement orchestrée destinée à créer un vaste spectacle populaire en « plein air » et à produire un impact médiatique maximal.

Le 26 juin 1963, après un passage par Cologne, Bonn, Hanau, Francfort et Wiesbaden, Kennedy arrive à Berlin-Ouest pour quelques heures. Traversant la ville dans une voiture décapotable, il se rend à la porte de Brandebourg et à Check Point Charlie – des postes d'observation y ont été installés pour mieux observer le mur – puis prononce un discours sur la place de l'Hôtel de Ville devant quatre cent mille Berlinois.

Alors que les relations entre les États-Unis et l'URSS connaissent depuis 1962 une phase de détente et de coexistence pacifique, ce discours célèbre au cours duquel Kennedy lance son fameux « *Ich bin ein Berliner* » surprend par sa teneur très idéologique et anticommuniste. En fait, touché par l'accueil de la population berlinoise et très marqué par la découverte du mur coupant la ville en deux, le président américain s'isola dans une pièce de l'Hôtel de Ville peu de temps avant de prononcer son texte pour le retoucher et l'infléchir dans un sens plus dur.

Les premières paroles du discours confirment ces faits : quand Kennedy répète à plusieurs reprises, en direction de certains sceptiques ou procommunistes, « Qu'ils viennent à Berlin », il entend montrer par là que la « faillite du communisme » se constate de manière visible et palpable sur place, face au mur de la honte. La démonstration de ce qu'il avance, à savoir le « litige » entre le communisme et la démocratie, s'observe à Berlin à travers le mur qui en constitue la criante incarnation.

Venu à Berlin pour rassurer l'opinion publique allemande et lui apporter le soutien américain, Kennedy ne cesse, dans son discours, de valoriser la population de Berlin-Ouest qui a su se battre, tenir bon et résister, une population qui représente à ses yeux un exemple de courage et un modèle de liberté. La cause qu'elle défend est celle de toute l'Europe et du monde libre. Il s'agit donc d'une cause universelle. D'où l'ultime phrase de Kennedy : « Tous les hommes libres, où qu'ils vivent, sont citoyens de cette ville de Berlin-Ouest, et pour cette raison, en ma qualité d'homme libre, je dis *"Ich bin ein Berliner"*. »

Ce message de soutien et d'espoir tend à rappeler l'engagement américain au côté du gouvernement allemand – les relations entre les deux pays se sont dégradées depuis 1961 car la construction du mur n'a suscité qu'une réaction timide de la part des États-Unis –, et par là même à réaffirmer le leadership américain et à faire apparaître Kennedy comme le principal défenseur du monde libre.

Mais ce voyage a un autre objectif : il vise clairement la France et son président de Gaulle depuis que ce dernier pousse à un rapprochement avec le chancelier Adenauer et à la constitution d'un axe Paris-Bonn destiné à contrer l'influence américaine en Europe. Un rapprochement marqué par le voyage triomphal de De Gaulle en Allemagne en septembre 1962 puis scellé quelques mois plus tard par la signature du traité de l'Élysée entre les deux pays (voir plus loin). Étrange coïncidence, c'est au moment même où ce traité se trouve sur le point d'être signé en janvier 1963 que le président américain fait part de son intention de se rendre en Allemagne. Bien décidé à surpasser par son retentissement la visite de De Gaulle, Kennedy décide d'inclure dans son voyage un passage à Berlin-Ouest (le dernier président américain à avoir foulé le sol de Berlin est Truman, en 1945, lors de la conférence de Potsdam), ce que de Gaulle n'avait pas osé faire, probablement pour éviter que cela ne soit interprété comme une manifestation de guerre froide et ne ravive les polémiques sur le statut de Berlin toujours en suspens.

La presse ne s'y trompe pas. À propos du voyage de Kennedy, le journal *Le Monde* indique qu'à la veille de son arrivée, « on songe à un autre voyage récent. On se souvient. On compare. Les foules que le général de Gaulle avait déplacées en septembre dernier se dérangeront-elles demain pour Monsieur Kennedy ? Les ovations qu'avait soulevées le président de la République française se renouvelleront-elles pour le jeune chef d'État américain ? Nul doute qu'un applaudimètre ne fonctionne dans la tête de la plupart des treize à quinze cents journalistes dont plusieurs centaines d'Américains... Tout se passe comme si les organisateurs avaient voulu composer une contrepartie du voyage précédent. Le président des États-Unis parlera à Cologne et à Bonn au pied des escaliers des mêmes mairies. Seul l'ordre des facteurs est inversé... Seule la visite à Berlin, que le général de Gaulle avait évitée l'année dernière, donne un avantage sérieux à son rival américain dans les bonnes grâces de l'Allemagne [1]... »

Imitant donc de Gaulle, Kennedy multiplie au cours de son voyage les gestes symboliques, les contacts avec la foule et les discours en public. Des discours jouant sur le registre de l'émotion et usant parfois, comme à Berlin-Ouest avec sa formule « *Ich bin ein Berliner* », de la langue allemande.

Les historiens se sont souvent interrogés sur la paternité de cette phrase devenue célèbre. Revient-elle à Theodore C. Sorenson, le conseiller spécial de Kennedy qui rédige généralement ses discours ? À son interprète Robert H. Lochner ? Ou bien à McGeorge Bundy, son conseiller à la sécurité nationale ? Selon l'historien Andreas W. Daum qui a mené une sérieuse étude sur le sujet (*Kennedy in Berlin*), l'auteur de cette formule n'est autre que

---

1. *Le Monde*, 23-24 juin 1963.

Kennedy lui-même qui se fit néanmoins aider pour sa traduction en allemand et sa prononciation (la phrase a été écrite sur un papier de façon phonétique sous la forme « *Ish bin ein Bearleener* »). Comme on l'a déjà signalé, Kennedy fut affecté par l'expérience de la vue du mur et décida d'apporter, à la dernière minute, quelques retouches à son texte initial avant de s'adresser à la foule massée place Rudolph-Wilde. Il est fort probable que c'est à cette occasion que cette petite phrase fut rajoutée par le président américain désireux de montrer aux Berlinois de l'Ouest son empathie.

La formulation de ce « slogan » en langue allemande trouve-t-elle sa seule explication dans la conscience de son pouvoir impactant et médiatique de la part d'un spécialiste de la communication politique ? Ne doit-on pas y voir également un signe en direction du président de Gaulle dont les discours, lors de son voyage en Allemagne en septembre 1962, furent pour certains prononcés dans la langue de Goethe ?

L'allemand de De Gaulle

> « Je ne comprends pas l'allemand des Allemands mais je comprends le vôtre. »
>
> De Gaulle à Peyrefitte

L'allemand fut la première langue étrangère apprise par de Gaulle et la seule maîtrisée presque parfaitement. Mis à l'étude de cette langue dès sa jeunesse, il ne semble pas de prime abord que celle-ci ait suscité chez lui un intérêt ou un attrait particuliers. Comme le racontera plus tard sa sœur Marie-Agnès, « Mon père [Henri de Gaulle qui, précisons-le au passage, était professeur de français, latin et grec !] nous a toujours fait travailler tous les cinq pendant les vacances. Avec Charles, cela n'allait pas trop mal. C'est en classe qu'il ne travaillait pas (de temps en temps pourtant, premier en français et en histoire). Il n'apprenait pas son allemand et ne rendait pas toujours ses devoirs. Ce qu'il aimait, c'était écrire des poèmes et lire. »

Les choses vont peu à peu changer. En classe de première, de Gaulle se consacre plus sérieusement à l'étude de l'allemand, le jeune homme ayant décidé de préparer Saint-Cyr où cette langue est obligatoire. Il n'obtient cependant à son premier baccalauréat que juste la moyenne en allemand où il est interrogé sur Heine. Comme le souligne Pierre Maillard, « il est vrai que ses notes en latin et en grec étaient également moyennes, ce qui tendrait à prouver que ses dons pour les langues n'égalaient pas sa ferveur pour l'histoire, la littérature ou même les sciences [1] ».

Son perfectionnement en allemand se précise pourtant. Le 30 novembre 1907, alors qu'il suit une année préparatoire en vue de se présenter au concours d'entrée de l'École, il déclare à son père : « Je fais toujours beaucoup d'histoire et d'histoire naturelle, et surtout beaucoup d'allemand. Nous faisons à chaque cours facultatif du mercredi et du dimanche une sorte de thème allemand sans dictionnaire bien entendu. » Les progrès accomplis seront suffisants pour lui permettre d'être reçu à Saint-Cyr et de satisfaire ses instructeurs.

De Gaulle est également envoyé à plusieurs reprises par sa famille en vacances en Allemagne. Au

---

1. Pierre Maillard, *De Gaulle et le problème allemand*.

cours de l'été 1908, il se rend au pays de Bade et en Forêt-Noire. Il en profite pour lire attentivement les journaux locaux et parler avec la population.

La Première Guerre mondiale lui offre l'occasion d'accroître ses connaissances linguistiques. Blessé et fait prisonnier à Douaumont en mars 1916, de Gaulle est d'abord traité à l'hôpital de Mayence puis transféré dans plusieurs forts et camps : Osnabrück, Neisse, Ingolstadt, Rosenberg, Würzburg. Il cherchera à s'en évader, ce qui le conduira en prison. Quoi qu'il en soit, ses trente-deux mois de captivité lui permettent de parler dans la langue mais aussi de lire les journaux et les philosophes allemands.

Son intérêt pour l'Allemagne ne cesse de croître au cours des années 1920 et 1930. Ce pays se trouve en effet au cœur des réflexions de De Gaulle, même s'il reste considéré comme l'ennemi par excellence de la France. En 1934, paraît son ouvrage *Vers l'armée de métier* qui obtient un succès de librairie outre-Rhin au point d'être davantage lu en Allemagne qu'en France. Traduit en allemand, le livre est lu par Hitler en personne dont l'exemplaire de sa bibliothèque de Berchtesgaden était, selon un témoin, couvert d'annotations, de notes en marge, de commentaires en bas de page, écrits de sa main avec d'innombrables « *sehr gut* », « *es stimmt* », « *ganz richtig* », « *genau* » et « *jawohl !* »

En octobre 1945, après la victoire des Alliés sur Hitler, de Gaulle se rend en Allemagne visiter la zone d'occupation française. En l'espace de trois jours, il passe par Sarrebruck, Trèves, Coblence, Mayence, Neustadt, Fribourg, Sasbach et Baden-Baden. Cherchant un soutien qu'il ne trouve pas auprès des Alliés, il multiplie les discours de séduction en direction des autorités et des populations locales, promettant l'aide et la coopération de la France à l'effort de reconstruction. Un rapport du 6 octobre 1945 sur son allocution prononcée à Fribourg indique : « Relatons aussi un petit fait, qui pourrait paraître secondaire, mais qui, tous l'ont compris, fut certainement voulu et prévu comme un geste de bienveillance : cette salutation adressée à l'assemblée en langue allemande « *Guten Abend meine Herren* » (Bonsoir, Messieurs) qui lui gagna instantanément la sympathie de toutes les personnes présentes... »

Treize ans plus tard, la langue allemande est assez développée chez de Gaulle, pour qu'au cours de sa rencontre historique avec le chancelier Adenauer à Colombey en septembre 1958, les deux hommes peuvent, dans une large mesure, se dispenser d'interprètes. À l'antagonisme ancien opposant leurs pays, de Gaulle propose à son hôte une réconciliation fondée sur un programme de coopération renforcée : « J'estime qu'il faut tenter de renverser le cours de l'histoire, de réconcilier nos deux peuples et d'associer leur efforts et leurs capacités », déclare-t-il alors.

À partir de cette date, le rapprochement franco-allemand se concrétise par des échanges personnels très fréquents et atteint son faîte en 1962 au cours des voyages officiels d'Adenauer en France (juillet) et de De Gaulle en Allemagne (septembre) en vue de sceller la réconciliation solennelle entre les deux peuples.

Ce voyage historique, de Gaulle le veut et le prépare avec soin. D'autant qu'il compte prononcer sur place plusieurs discours en allemand. Le 25 juillet 1962, son directeur de cabinet Georges Galichon précise : « Le général de Gaulle demande que "quelqu'un de tout à fait excellent" en allemand se tienne prêt à partir du 8 août à traduire en allemand les allocutions qu'il se propose de faire pendant son voyage en Allemagne. La traduction devra être terminée le 20 août. Il faudra ensuite que le traducteur assiste à quelques répétitions. Le général de Gaulle pense à M. Maillard. »

C'est en effet le conseiller diplomatique Pierre Maillard qui se charge d'aider le président français à préparer ses discours en allemand. Dans son ouvrage *De Gaulle et le problème allemand*, il se souvient : « Le Général avait préparé soigneusement ses multiples discours. Il me les avait fait lire, puis en avait demandé la traduction pour pouvoir ainsi les prononcer dans la langue allemande, et cela quelle que fût leur longueur, et frapper davantage l'esprit et le cœur de ses auditeurs. J'avais ensuite enregistré moi-même sur cassette cette traduction, réalisée avec la collaboration de l'interprète Jean Meyer. Mais ce n'était pas suffisant. À deux reprises, le Général me fit appeler pour repérer devant moi le texte qu'il avait ainsi entendu, me sollicitant de corriger au besoin sa diction, écoutant soigneusement les suggestions qui lui étaient faites, ou les corrections qu'elle appelait, bien que sa connaissance ancienne de cette langue se soit dans l'ensemble relevée encore très satisfaisante. »

À l'issue de ces quelques séances de travail, de Gaulle se trouve enfin prêt pour son grand voyage linguistique outre-Rhin.

Un voyage de star

« Le voyage en Allemagne a été incroyable en fait de concours et d'enthousiasme populaires. On épiloguera longtemps sur cette sorte d'explosion. En tout cas, le prestige de la France en est, je crois, multiplié. À Stuttgart (Bade-Wurtemberg) j'ai eu l'occasion de rappeler le nom de notre trisaïeul Louis-Philippe Kolb, né à Groetzingen (Bade) en 1761 ! »

De Gaulle à Mme Alfred Cailliau,
10 septembre 1962.

Le lundi 3 septembre 1962, Konrad Adenauer intervient à la télévision allemande. À la veille de l'arrivée du président Charles de Gaulle dans son pays, le vieux chancelier a tenu à s'adresser au peuple allemand pour souligner l'importance de cet événement considéré comme historique. Quelques jours plus tôt déjà, un film consacré à la vie du

Général est passé sur les écrans d'outre-Rhin. Et pour marquer l'intérêt que porte l'Allemagne en direction de sa voisine, la télévision a prévu de diffuser une série d'émissions se rapportant à la France dont trois pièces de théâtre, un reportage sur Paris, une biographie filmée de Balzac et une étude sur Paul Cézanne.

Des foules nombreuses sont attendues dans chacune des villes que de Gaulle doit traverser : Bonn, Cologne, Düsseldorf, Duisburg-Hamborn, Hambourg, Munich, Stuttgart et Ludwigsburg. Dans la capitale allemande, la municipalité a appelé les citoyens à prendre part aux cérémonies en pavoisant leurs maisons. Comme le souligne le correspondant du *Monde* en Allemagne, « on ne s'interroge que sur le volume des foules que le général de Gaulle verra sur son passage ou qui se presseront sur les places publiques pour recevoir les "adresses" qu'il a préparées à leur intention. Le succès en est assuré d'avance. Même partagée à son égard, l'opinion allemande regarde le président de la République comme le "monstre sacré" le plus fascinant du camp occidental. Des millions de citoyens de la République fédérale voudront l'avoir approché, écouté, contemplé de près ou de loin ».

Dans ces conditions, et parce que ce voyage se déroule quinze jours après la tentative d'attentat du Petit Clamart (22 août 1962), les services de sécurité allemands chargés de la protection de l'hôte français sont sur les dents. Des mesures exceptionnelles ont été prises comme en témoigne cette note confidentielle adressée au directeur général de la Sûreté nationale : « La sécurité du cortège, dans ses déplacements intra muros et sur route, sera en permanence assurée par 4 ou même 6 voitures de police encadrant la voiture présidentielle, sans omettre l'escorte motocycliste dont l'importance oscillera entre 20 et 30 hommes... Les itinéraires seront totalement neutralisés et le stationnement des véhicules sur les bas-côtés formellement interdit. À titre documentaire, je me permets de signaler les facilités techniques dont dispose la police de Munich en matière de surveillance du trafic urbain : elle utilise depuis quelques années déjà un réseau autonome de télévision de conception allemande la mettant à même de surveiller de jour les 16 points ou artères les plus névralgiques de la ville... Les effectifs de la police en uniforme et de la police en civil (police criminelle) se chiffrent pour chaque ville à plusieurs milliers d'hommes... Les bâtiments publics dans lesquels le président de la République sera amené à séjourner ou à passer seront fermés au public deux à trois jours avant l'arrivée du général de Gaulle. Un contrôle très strict sera exercé en tous lieux lors de l'admission des invités. À ce propos, à Hambourg, la police criminelle, chargée de ce contrôle, innovera en la matière : toutes les invitations, même celles des hautes personnalités, revêtues à l'insu des porteurs d'une couche radioactive inoffensive, seront automatiquement contrôlées lors de la présentation par les compteurs GEIGER dont seront discrètement munis les fonctionnaires de police adjoints au personnel local de contrôle... Le bateau assurant le transport sur le Rhin de Cologne à Duisburg sera gardé, en stationnement, par des hommes grenouilles... »

Le mardi 4 septembre, à 11 heures, de Gaulle arrive à l'aéroport de Bonn. Accueilli par le président de la République Heinrich Luebke, de Gaulle prend la parole et répond à l'allocution de bienvenue que ce dernier lui a adressée. En quelques mots, le ton est donné : cette rencontre revêt un « caractère extraordinaire » ; après « tant et tant de luttes », la France et l'Allemagne sont devenues « solidaires délibérément et en complète dignité ».

Des discours et allocutions, de Gaulle va en prononcer une dizaine, dont six en allemand. La première de ces prises de parole dans la langue du pays est faite le mercredi 5 en direction de la population rassemblée devant l'Hôtel de Ville de Bonn. Du haut du perron, en présence du bourgmestre de la ville et du chancelier Adenauer, de Gaulle se lance : « *Es ist mir eine Freude und eine Ehre in Ihrem Lande empfangen zu werden. Zunächst weil ich es begrüsse, als Staatsoberhaupt Frankreichs, mit den leitenden Männern Deutschlands unmittelbar in Berührung zu kommen ; denn in der Welt von heute haben unere beiden Völker ein umfassendes und bedeutsames Werk gemeinsam zu vollbringen. Nichts jedoch kann mich besser dazu ermutigen, als der glänzende Empfang, den Sie mir alle bereiten. Wenn ich Sie so um mich herum versammelt sehe und Ihre Kundgebungen höre, empfinde ich noch stärker als zuvor die Würdigung und das Vertrauen, die ich für ihr grosses Volk, ja! für das grosse deutsche Volk, hege. Sie können versichert sein, dass in ganz Frankreich, wo man beobachtet und verfolgt was jetzt in Bonn geschieht, eine Welle der Freundschaft in den Geistern und in den Herzen aufsteigt. Es lebe Bonn! Es lebe Deutschland! Es lebe die deutsch-französische Freundschaft!»* / C'est pour moi une joie et un honneur d'être reçu dans votre pays. D'abord, ayant la charge de servir de guide à la France, je me félicite de prendre directement contact, ici même, avec les hommes qui dirigent l'Allemagne, car, dans le monde et au temps d'aujourd'hui, nos deux peuples ont à faire ensemble beaucoup et de grandes choses. Mais rien ne peut m'y encourager mieux que l'accueil magnifique que tous vous voulez bien me faire. Vous voyant aujourd'hui réunis autour de moi, vous entendant m'exprimer votre témoignage, je me sens, plus encore qu'hier, rempli d'estime et de confiance pour le grand peuple que vous êtes, oui! pour le grand peuple allemand. Soyez sûrs que, dans toute la France, où l'on regarde et où l'on écoute ce qui se passe à Bonn aujourd'hui, c'est la vague de l'amitié qui se lève et qui déferle dans les esprits et dans les cœurs. Vive Bonn ! Vive l'Allemagne ! Vive l'amitié franco-allemande !

Deux heures plus tard, c'est devant la foule de la cité de Cologne que de Gaulle s'exprime à nouveau dans la langue de Goethe dans le cadre d'une allocution de longueur à peu près identique. À Bonn comme à Cologne, ce sont les termes d'union et d'amitié qu'il a choisi de privilégier. Mieux et plus étonnant encore, c'est un hymne au « grand peuple allemand » qui est formulé.

Le Monde rapporte le discours à Bonn de façon élogieuse : « Tout le monde attendait avec impatience et curiosité l'allemand dans lequel le général de Gaulle allait s'exprimer : il se révéla à la hauteur du personnage. Le général de Gaulle prononça les quelques lignes de son texte d'une voix forte, parfaitement timbrée, pratiquement sans défaut, en tout cas avec un grand sens de la cadence intérieure de la phrase allemande. L'effet sur la foule fut profond, bien que, habituée qu'elle soit aux interminables harangues des hommes politiques de la République fédérale, son message-minute ait peut-être quelque peu déconcerté. Néanmoins son retentissement se prolongera sans doute plus longtemps que celui de bien des discours fleuves... » Le président français a réussi son entrée en matière.

Le jeudi 6 au matin, de Gaulle quitte Cologne et descend le Rhin en bateau. Direction Düsseldorf où il est reçu à midi par le Premier ministre du Land de Rhénanie-Westphalie. Ne dérogeant pas à la règle qu'il s'est fixée, de Gaulle adresse à nouveau un message en allemand à la population de la ville. Les termes employés sont proches de ceux de Bonn et de Cologne, puisque l'accent est mis sur l'amitié franco-allemande. À 15 heures, de Gaulle visite les usines Thyssen à Duisburg-Hamborn, situé à quelques kilomètres de Düsseldorf. Parlant cette fois aux ouvriers de l'usine qui « dans une incroyable bousculade voulaient tous approcher et serrer la main de leur visiteur », mais toujours en allemand, de Gaulle tient un discours plus économique. Usant d'exclamatifs, il manifeste sa joie devant le spectacle de la modernité et de la technicité de l'entreprise, avant de féliciter les ouvriers pour leur travail qui participe à la prospérité commune, à la « paix », à la « dignité » et au « bonheur des hommes libres ».

Le vendredi 7, de Gaulle passe par Hambourg. Reçu successivement par le Sénat, l'université, la Chambre de Commerce puis par l'académie militaire, le président français ne s'exprime pas comme il l'aurait souhaité à la population de la ville : « M. de Margerie [ambassadeur de France en RFA] vient de faire savoir à M. Maillard que pour de multiples raisons tenant en particulier à la configuration des lieux, ainsi qu'aux impératifs de la circulation, il paraissait très difficile en fin de compte de prévoir une allocution du Général à la foule sur le balcon de l'Hôtel de Ville de Hambourg. Les diverses tentatives qui ont été faites par l'*Auswärtiges Amt* [ministère allemand des Affaires étrangères] pour faire revenir la Municipalité sur cette position ayant échoué, notre ambassadeur à Bonn pense qu'il faut malheureusement considérer cette éventualité comme exclue. » En fait, comme le relate Hermann Kusterer, l'interprète du chancelier Adenauer, de Gaulle l'incorrigible rompit le protocole une fois à l'intérieur de l'Hôtel de Ville de Hambourg. Entendant en effet la foule du dehors crier son nom, il se dirigea vers une fenêtre, l'ouvrit, se pencha et, déployant ses bras, s'écria en allemand avec une voix de stentor : « Vive Hambourg ! Vive l'Allemagne ! Vive l'amitié franco-allemande[1] ! »

S'il ne fut pas prononcé en allemand mais en français, le discours de Gaulle à Hambourg devant les officiers de l'École supérieure de guerre de l'Armée fédérale mérite une attention particulière dans la mesure où celui-ci contient un appel à une coopération entre les deux armées. Les mots utilisés sont symboliquement forts : « Après des guerres sans cesse renouvelées, notamment depuis deux cents ans, guerres dans lesquelles chacun des deux peuples visait à dominer l'autre... voici qu'ils ont pris conscience de l'absurdité du duel [...] Nos peuples peuvent constituer la base d'une Europe

---

1. Hermann Kusterer, *Le Général et le Chancelier.*

dont la prospérité, la puissance, le prestige, égaleraient ceux de qui que ce soit. » Ne pouvant s'en empêcher, de Gaulle fait référence à l'écrivain Carl Zuckmayer dans la langue allemande lorsqu'il glisse dans son discours une petite phrase remarquée de tous : « *War es gertern unsere Pflicht Feinde zu sein, Ist es heute unser Recht Brüder zu werden* » (Si d'antan notre devoir fut d'être ennemis, il est aujourd'hui notre droit de devenir frères).

Après les « démonstrations d'enthousiasme frénétique » de Hambourg, de Gaulle prend l'avion pour Munich. Il dépose une gerbe au monument du Soldat Inconnu puis se retire dans sa résidence pour un déjeuner privé. Si l'on suit encore Hermann Kusterer, de Gaulle décida alors de prendre un bain pour se délasser et se reposer. Soudain, sa suite personnelle entendit des bruits provenant de la salle de bains et s'approcha. C'était de Gaulle qui, s'ébrouant dans sa baignoire, s'exclamait : « *Ichch begrrüssse Sie, meine Hherrren !* » (Je vous salue, Messieurs !).

Conformément au vœu du gouvernement bavarois « de donner au séjour du général de Gaulle le plus grand retentissement, surtout parmi la population », le président s'adresse le 8 septembre à la foule rassemblée sur la place de l'Odéon de la ville de Munich. Une fois encore, de Gaulle prend la parole en allemand dans le cadre d'une allocution d'une dizaine de lignes dans le texte. « Bien qu'il [de

Gaulle] eût oublié un *"mich"* qu'il crut pouvoir replacer à la fin de la phrase – maltraitant ainsi la grammaire allemande – il n'en fut pas moins l'objet d'ovations interminables aux cris de "vive de Gaulle !" », relate *Le Monde*.

Achevant sa tournée de « star », le Général arrive à Stuttgart le dimanche 9 septembre au matin. En hélicoptère, il se rend à Münsingen pour un défilé des troupes. Après un déjeuner servi sur place, il part au château de Ludwigsburg où, accueilli par le couple présidentiel Luebke, il prend la parole dans la cour du château devant une foule nombreuse. Le thème traité ici porte sur la jeunesse, car aux yeux de de Gaulle, c'est par elle que la réconciliation des deux peuples doit se faire : « Je vous félicite, ensuite, d'être de jeunes Allemands, c'est-à-dire les enfants d'un grand peuple. Oui ! d'un grand peuple ! » déclare-t-il notamment (voir plus loin l'ensemble du discours).

Comme le rapporte une fois de plus *Le Monde*, « le président de la République eut quelques difficultés à venir à bout du plus long discours qu'il eût prononcé jusque-là en allemand. La haute tenue de son allocution la fit d'ailleurs passer un peu par-dessus la tête de ses auditeurs. Il réussit tout de même, soutenu par la chaude sympathie de l'assistance qu'on sentait prête à jouer le rôle de souffleur, et qui ne lui ménagea ni applaudissements, ni ovations. Et c'est encore, de même qu'à Hambourg, aux cris de "vive de Gaulle !", en bon français, que la foule salua le départ du Général pour l'aéroport ».

À dire vrai, le Général fut peu satisfait de ce dernier discours. Présent à Ludwigsburg, Pierre Maillard raconte que de Gaulle s'embrouilla un peu dans son texte et n'en rattrapa le fil, presque miraculeusement, que quelques lignes plus bas. Dans l'avion qui le ramena à Paris, le président de la République lui déclara d'ailleurs : « Je crois bien que j'ai manqué mon affaire. »

En réalité, le succès est au rendez-vous. À son retour en France, de Gaulle reçoit de nombreuses lettres d'admiration ou de reconnaissance de la part d'Allemands, à l'image de celle du docteur Karl Beckmann désireux d'avoir les deux discours prononcés à Cologne et à Ludwigsburg : « C'est surtout l'allocution à la jeunesse de Ludwigsburg du 9 septembre 1962 qui est digne d'être répandue dans tous les livres d'histoire et de lecture français et allemand à cause de ses idées sublimes et de son style enthousiaste. Moi-même docteur ès lettres de l'université de Bonn, ancien professeur de la langue et littérature allemande et française à Cologne, membre élu de la Société pour les sciences historiques des pays rhénans, je m'efforcerai de répandre ces hautes idées de l'amitié franco-allemande surtout dans la jeunesse intellectuelle. »

Mieux, le Général est sollicité comme une véritable star : son directeur de cabinet se voit en effet contraint de rappeler au consul de France à Hambourg qu'il doit faire connaître aux personnes ayant demandé une photographie ou un autographe de de Gaulle que celui-ci « s'est fixé pour règle de limiter à des cas absolument exceptionnels l'envoi de portraits ou dédicaces ».

Le discours le plus long

> « Il est doux d'avancer, mais la question est ailleurs : il s'agit de marquer. »
>
> Charles de Gaulle, cité par Julian Jackson dans *De Gaulle. Au-delà de la légende.*

La visite de Charles de Gaulle en Allemagne est couronnée par le discours qu'il prononce en allemand au château de Ludwigsburg, le 9 septembre 1962, devant plusieurs milliers de personnes. L'importance de ce discours ne tient pas seulement à sa longueur, impliquant un effort de mémorisation assez exceptionnel, mais également à sa teneur presque philosophique et morale. En effet, la spécificité de cette dernière allocution tient à ce qu'elle s'écarte des problèmes de l'actualité immédiate à caractère politique ou international pour évoquer les enjeux cruciaux auxquels l'homme moderne est confronté : à savoir le développement du machinisme qui, s'il peut le conduire au progrès et à la liberté, peut tout aussi l'aliéner et le réduire à un pion. Pour de Gaulle, seule la jeunesse est capable de relever ce nouveau défi, à condition qu'elle fasse les bons choix et s'unisse de part et d'autre du Rhin autour de valeurs communes faites de confiance, d'estime et d'amitié. Plus qu'il ne fait un discours, le Général lance un appel tourné vers l'avenir et les générations futures…

Saluant tout d'abord le président Luebke, il s'adresse ensuite à la foule constituée de jeunes pour la plupart (l'allocution est souvent coupée par les applaudissements) :

« *Sie alle beglückwünsche Ich ! Ich beglückwünsche Sie zunächst jung zu sein. Man braucht ja nur die Flamme in Ihren Augen zu beobachten, die Kraft Ihrer Kundgebungen zu hören, bei einem jeden von Ihnen die persönliche Leiden schaftlichkeit und in Ihrer Gruppe den gemeinsamen Aufschwung mitzuerleben, um überzeugt zu sein, dass diese Begeisterung Sie zu den Meistern des Lebens, und der Zukunft auserkoren hat.*

Ich beglückwünsche Sie ferner, junge Deutsche zu sein, das heisst Kinder eines grossen Volkes. Jawohl ! eines grossen Volkes ! das manchmal, im Laufe seiner Geschichte, grosse Fehler begangen und viel verwerfliches Unglück verursacht hat. Ein Volk, das aber auch der Welt fruchtbare geistige wissenschaftliche, künstlerische und philosophische Wellen beschert hat, das die Welt um unzählige Erzeugnisse seiner Erfindungskraft, seiner Technik und seiner Arbeit bereichert hat ;

ein Volk, das in seinem friedlichen Werk, wie auch in den Leiden des Krieges, wahre Schätze an Mut, Disziplin und Organisation entfaltet hat. Das französische Volk weiss das voll zu würdigen, da es auch weiss, was es heisst, unternehmens und schaffensfreudig zu sein, zu geben und zu leiden.

Schliesslich beglückwünsche ich Sie, die Jugend von heute zu sein. Im Augenblick wo Sie in das Berufsleben treten, beginnt für die Menschheit ein neues Leben. Angetrieben von einer dunklen Kraft, auf Grund eines unbekannten Gesetzes, unterliegen die materiellen Dinge dieses Lebens einer immer rascheren Unwandlung. Ihre Generation erlebt es und wird es noch weiter erleben, wie die Gesamtergebnisse der wissenschaftlichen Entdeckungen und der maschinellen Entwicklung die physischen Lebensbedingungen der Menschen tief umwälzen. Dieses wunderbare Gebiet, das Ihnen offensteht, soll durch diejenigen, die heute in Ihrem Alter stehen, nicht einigen Auserwählten vorbehalten bleiben, sondern für alle unsere Mitmenschen erschlossen werden. Sie sollen danach streben, dass der Fortschritt ein gemeinsames Gut wird, so dass er zur Förderung des Schönen, des Gerechten und des Guten beiträgt, überall und insbesondere in Ländern wie den unseren, welche die Zivilisation ausmachen ; somit soll den Milliarden der in den Entwicklungsländern Lebenden dazu verholfen werden, Hunger, Not und Unwissenheit zu besiegen und ihre volle Menschenwürde zu erlangen.

Das Leben in dieser Welt birgt jedoch Gefahren. Sie sind umso grösser als der Einsatz stets ethisch und sozial ist. Es geht darum zu wissen ob, im Laufe der Umwälzungen, der Mensch zu einem Sklaven in der Kollektivität wird, oder nicht ; ob sein las ist, in dem riesigen Ameisenhaufen angetrieben zu werden oder nicht ; oder ob er die materiellen Fortschritte völlig beherrschen kann und will, um damit freier, würdiger und besser zu werden.

Darum geht es bei der grossen Auseinandersetzung in der Welt, die sie in zwei getrennte Lager aufspaltet und die von den Völkern Deutschlands und Frankreichs erheischt, dass sie ihrem Ideal die Treue halten, es mit ihrer Politik unterstützen und es, gegebenenfalls, verteidigen und ihm kämpfend zum Sieg verhelfen.

Diese jetzt ganz natürliche Solidarität müssen wir selbstverständlich organisieren. Es ist die Aufgabe der Regierungen. Vor allem müssen wir ihr aber einen lebensfähigen Inhalt geben und das soll insbesondere das Werk der Jugend sein. Während es die Aufgabe unserer beiden Staaten bleibt, die wirtschaftliche, politische und kulturelle Zusammenarbeit zu fördern, sollte es Ihnen und der französischen Jugend obliegen, alle Kreise bei Ihnen und bei uns dazu zu bewegen, einander immer näher zu kommen, sich besser kennen zu lernen und engere Bande zu schliessen.

Die Zukunft unserer beiden Länder, der Grundstein auf dem die Einheit Europas errichtet werden kann und muss, und der höchste Trumpf für die

Freiheit der Welt, bleiben die gegenseitige Achtung, das Vertrauen und die Freundschaft zwischen dem französischen und dem deutschen Volk. »

(« Quant à vous, je vous félicite ! Je vous félicite, d'abord, d'être jeune. Il n'est que de voir cette flamme dans vos yeux, d'entendre la vigueur de vos témoignages, de discerner ce que chacun de vous recèle d'ardeur personnelle et ce que votre ensemble représente d'essor collectif, pour savoir que, devant votre élan, la vie n'a qu'à bien se tenir et que l'avenir est à vous.

Je vous félicite, ensuite, d'être de jeunes Allemands, c'est-à-dire les enfants d'un grand peuple. Oui ! d'un grand peuple ! qui parfois, au cours de son Histoire, a commis de grandes fautes et causé de grands malheurs condamnables et condamnés. Mais qui, d'autre part, répandit de par le monde des vagues fécondes de pensée, de science, d'art, de philosophie, enrichit l'univers des produits innombrables de son invention, de sa technique et de son travail, déploya dans les œuvres de la paix et dans les épreuves de la guerre des trésors de courage, de discipline, d'organisation. Sachez que le peuple français n'hésite pas à le reconnaître, lui qui sait ce que c'est qu'entreprendre, faire effort, donner et souffrir.

Je vous félicite enfin d'être des jeunes de ce temps. Au moment même où débute votre activité, notre espèce commence une vie nouvelle. Sous l'impulsion d'une force obscure, en vertu d'on ne sait quelle loi, tout ce qui la concerne dans le domaine matériel se transforme suivant un rythme constamment accéléré. Votre génération voit et, sans doute, continuera de voir se multiplier les résultats combinés des découvertes des savants et de l'agencement des machines qui modifient profondément la condition physique des hommes. Mais le champ nouveau et prodigieux qui s'ouvre ainsi devant vos existences, c'est à ceux qui ont aujourd'hui votre âge qu'il appartient de faire en sorte qu'il devienne la conquête, non de quelques privilégiés, mais de tous nos frères les hommes. Ayez l'ambition que le progrès soit le bien commun, que chacun en ait sa part, qu'il permette d'accroître le beau, le juste et le bon, partout et notamment dans les pays qui, comme les nôtres, font la civilisation, qu'il procure aux milliards d'habitants des régions sous-développées de quoi vaincre à leur tour la faim, la misère, l'ignorance et accéder à une pleine dignité.

Mais la vie du monde est dangereuse. Elle l'est d'autant plus que, comme toujours, l'enjeu est moral et social. Il s'agit de savoir si, à mesure de la transformation du siècle, l'homme deviendra, ou non, un esclave dans la collectivité, s'il sera réduit, ou non, à l'état de rouage engrené à tout instant par une immense termitière ou si, au contraire, il voudra et saura maîtriser et utiliser les progrès de l'ordre matériel pour devenir libre, plus digne et meilleur.

Voilà la grande querelle de l'univers, celle qui le divise en deux camps, celle qui exige de peuples comme l'Allemagne et comme la France qu'ils pratiquent leur idéal, qu'ils le soutiennent par leur politique et, s'il le fallait, qu'ils le défendent et le fassent vaincre en combattant !

Eh bien ! Cette solidarité désormais toute naturelle, il nous faut, certes, l'organiser. C'est là la tâche des Gouvernements. Mais il nous faut aussi la faire vivre et ce doit être avant tout l'œuvre de la jeunesse. Tandis qu'entre les deux États la coopération économique, politique, culturelle, ira en se développant, puissiez-vous, pour votre part, puissent les jeunes Français pour la leur, faire en sorte que tous les milieux de chez vous et de chez nous se rapprochent toujours davantage, se connaissent mieux, se lient plus étroitement !

L'avenir de nos deux pays, la base sur laquelle peut et doit se construire l'union de l'Europe, le plus solide atout de la liberté du monde, c'est l'estime, la confiance, l'amitié mutuelles du peuple français et du peuple allemand.)

Courroie de transmission

> « Le fait de parler plusieurs langues n'est pas un signe d'intelligence. On rencontre couramment des enfants qui parlent trois ou quatre langues, pour peu qu'ils aient des gouvernantes étrangères. Les Espagnoles, même si elles parlent plusieurs langues, n'en sont pas moins des dindes. »
>
> Adolf Hitler, Libres propos
sur la guerre et la paix.

Après le discours de Ludwigsburg, de Gaulle monte en voiture avec Adenauer et prend la direction de l'aéroport de Stuttgart. Les deux hommes sont accompagnés de l'interprète du chancelier, Hermann Kusterer, vers qui de Gaulle se tourne pour lui déclarer aimablement : « Ça vous sera difficile de traduire, parce que je veux parler de vous. Je vous félicite. Non pas pour votre traduction qui est, d'ailleurs, excellente, mais parce que vous comprenez le fond des choses et, en le disant, vous améliorez parfois l'expression. » Ce fut, raconte Kusterer, le plus beau compliment jamais reçu...

À propos de son métier d'interprète officiel et de traducteur, Kusterer explique : « L'interprète n'est que la courroie de transmission entre deux roues ou systèmes de rouage qui autrement ne pourraient se mettre en mouvement au même rythme. Il faut donc qu'il soit parfaitement adapté. Si la courroie est un tant soit peu trop large, les roues ne réagissent pas comme il faut. Si elle est trop serrée, elle éclate et les roues s'arrêtent. Il faut donc que l'interprète s'imbrique véritablement dans la communication entre deux personnages de la manière la plus discrète au point que l'on ne s'aperçoive presque pas de sa présence. Ceci est d'autant plus important, lorsque les entretiens – comme ceux entre le Général et le Chancelier – se passent en interprétation consécutive, que donc, surtout dans les tête-à-tête, il règne une grande intimité. Cette imbrication va loin, au-delà des simples mots échangés. J'aime dire que l'interprétation est complètement réussie quand les interlocuteurs s'entendent comme s'ils se parlaient directement, sans intermédiaire. À cet égard, il est intéressant de noter que le Chancelier, dans ses *Mémoires*, à propos des entretiens avec le général de Gaulle, dit à plusieurs reprises qu'ils "n'avaient pratiquement pas besoin d'interprète puisque le Général comprenait bien l'allemand et moi le français"... alors qu'en fait, toutes les interventions furent traduites sans exception. Ainsi le Général disait souvent : "Oui, j'ai compris, mais traduisez toujours." Si, donc, j'ai pu jouer un rôle quelconque, c'est en leur permettant de se comprendre réellement en profondeur comme s'ils n'avaient pas besoin de moi. »

À la question « Comment traduit-on de Gaulle ? », Kusterer répond : « Dès les premières paroles du Général que j'avais à traduire, à Bad Kreuznach, en novembre 1958, je sentais que sa façon de s'exprimer me "convenait" (nous étions toujours deux interprètes – Jean Meyer et, plus tard, Paul Falkenburger du côté français – et moi, la "part" du Général me revenant). Certes, le défi fut énorme. Régulièrement, chacune de ses phrases caractéristiques, très longues, couvrait plusieurs pages de mon bloc-notes. Et il développa sa pensée d'affilée – 10 minutes, 20 minutes. Une fois, dans une réunion plénière, M. Couve de Murville tira le Général au bras, lui murmurant visiblement qu'il fallait peut-être interrompre pour me permettre de traduire, sur quoi le Général se tourna vers moi et demanda de sa voix inimitable : "Vous me suivez toujours ?", à quoi je répondais : "Oui, mon Général !" Le Général ajouta : "Alors je m'en vais finir" et continua pour cinq minutes encore. Mais y arriver – et j'y arrivais – porta mon expérience d'interprète (et plus tard, à la demande du Général lui-même, de traducteur de ses *Mémoires d'espoir*) à un comble inégalé à ce jour. Et de pouvoir sentir que le Général en fut content et me faisait entière confiance, y ajoutait encore davantage... J'ai toujours essayé non pas seulement de dire ce qui était dit, mais aussi, comment cela était dit. Pour cela, il faut entrer très profondément dans l'esprit de celui qui parle. De ne pas se contenter des seuls mots, mais de saisir la pensée profonde, celle cachée derrière les mots utilisés (y compris les sentiments la portant), pour la reconstituer ensuite dans l'autre langue aussi près que possible des mots originaux [1]... »

---

1. D'après une interview donnée par Hermann Kusterer à la fondation Charles de Gaulle ; voir aussi son ouvrage *Le Général et le Chancelier*.

Joindre la parole au geste

> « Monsieur l'ambassadeur,
> Mon cher maître,
> Vous avez raison ! Dans l'espèce d'explosion de sentiments à laquelle j'ai pu être mêlé en Allemagne, il y avait un long et obscur attrait de ce peuple pour la France. C'est de cela, surtout, que j'ai été ému pour ma part. Eh quoi ? Sommes-nous donc tout cela, nous Français, et depuis si longtemps ? ! »
>
> De Gaulle à Wladimir d'Ormesson,
> 21 septembre 1962.

À propos de ses discours prononcés en allemand, de Gaulle déclarera à Adenauer : « Parbleu, c'est que je les avais appris par cœur ! J'avais écrit mes textes en français, je les ai fait traduire en allemand et j'ai répété plusieurs fois la traduction. »

Que de Gaulle, malgré sa très bonne connaissance de la langue, n'ait pas improvisé ses discours en allemand, cela est fort compréhensible quand on sait son souci de la perfection et l'importance qu'il accorda à ce voyage. Il n'en demeure pas moins que s'exprimer à six reprises en allemand en l'espace de cinq jours, le faire deux fois dans une même journée et à quelques heures d'intervalle, pour achever sa tournée par un discours long de soixante-dix lignes de haut niveau intellectuel, relèvent incontestablement de la performance, car impliquant une véritable mémoire d'éléphant et une prise de risque non négligeable.

Cette démarche linguistique ne vise pas seulement à frapper l'opinion, à séduire les masses et à marquer les esprits. Elle s'inscrit davantage dans une volonté de prendre langue avec le peuple allemand, de dépasser les discussions politiques avec ses dirigeants et de privilégier le contact direct avec les citoyens du pays. En parlant au nom de la France (« Aujourd'hui, la France rend visite à la Bavière »), en soulignant à plusieurs reprises que les « querelles » et les « batailles » qui ont opposé les deux pays font dorénavant partie du passé, en honorant et en encourageant son voisin (« le grand peuple que vous êtes ! »), ou encore en s'adressant à la jeunesse, de Gaulle affirme le principe d'une double rupture. La première vise à aider l'Allemagne à se défaire de son lourd complexe historique, à exorciser les démons du nazisme, à recouvrer la confiance et à se tourner vers l'avenir. La seconde a pour but de remplacer l'antagonisme et la méfiance séculaires entre les deux pays par une politique de réconciliation, de coopération et d'amitié. Or quoi de mieux pour cela que d'adopter la langue de l'autre et de joindre ainsi la parole au geste ?

Le consul général de France à Hambourg, René Jeudy, résume assez bien les raisons du succès du voyage. À ses yeux, trois éléments ont joué un rôle important : d'abord la personnalité du Général, dont le rayonnement s'est exercé d'une manière d'autant plus puissante que la foule a nettement ressenti, de la part de celui qu'elle acclamait, le désir et la volonté d'entrer en contact avec elle ; ensuite les propos qu'il a tenus, qui ont restitué aux Allemands une dignité qui leur paraissait contestée et leur ont rendu confiance dans leur destin ; enfin l'affirmation des idées de réconciliation et d'amitié entre les deux pays qui a touché la population.

De son côté, l'ambassadeur Roland Jacquin de Margerie ne tarit pas d'éloges. Dans un courrier adressé à de Gaulle, il parle de « l'extraordinaire succès de votre visite en République fédérale... vous seul pouviez donner l'impulsion décisive à la collaboration franco-allemande, et les très nombreux témoignages, oraux ou écrits que je recueille chaque jour permettent de constater combien l'impression produite est durable et profonde ». Dans un rapport rédigé le 2 octobre 1962 sur les « aspects psychologiques du voyage du général de Gaulle en Allemagne », les termes employés parlent d'eux-mêmes :

« éclatant succès », « raz-de-marée sentimental », « frénésie d'enthousiasme », « véritable déchaînement, encore décuplé par l'art du président de la République pour trouver un contact immédiat avec les foules »... Ce succès semble même avoir surpris le chancelier Adenauer qui déclare au maire de Berlin, Willy Brandt, avec une pointe de malice : « Dites-moi, monsieur le Bourgmestre, ne pensez-vous pas que le général de Gaulle a dû trouver, par moments, que notre peuple exagérait un peu ? » En revanche, la très bonne tenue des discours de De Gaulle en allemand n'a pas dû étonner davantage le vieux chancelier. Roland de la Margerie relate en effet cette anecdote : « Nous savions très bien, le chancelier et moi, m'a dit M. Globke, le secrétaire d'État de M. Adenauer, que le président de la République parlait couramment l'allemand ; car, un jour, il a récité d'un bout à l'autre devant nous le poème des "Deux Grenadiers", et il a ajouté : Voyez, voici des vers de Heine, l'un de vos plus grands lyriques ; ils ont été mis en musique par Schumann, un de nos plus grands musiciens, qui a utilisé à cette occasion le thème de *La Marseillaise*... c'est qu'il existe entre nos deux peuples, au-delà de ce qui a pu les opposer pendant des siècles, quelque chose de puissant qui les pousse à se réunir, par le moyen même, quelquefois, de ce qui semblait le plus les diviser. »

La réconciliation franco-allemande est scellée par la signature, entre Adenauer et de Gaulle (qui embrasse à cette occasion le chancelier quelque peu surpris par cette effusion de sentiment), le 22 janvier 1963 à l'Élysée, d'un traité d'entente et de coopération dans les domaines des Affaires étrangères, de la Défense, de l'Éducation et de la Jeunesse. Des rencontres régulières au plus haut sommet sont prévues ; sur le plan de la stratégie et de la tactique, les autorités compétentes des deux pays s'attacheront à rapprocher leurs doctrines en vue d'aboutir à des conceptions communes. Dans le domaine de l'éducation, les deux gouvernements, reconnaissant « l'importance essentielle que revêt pour la coopération franco-allemande la connaissance dans chacun des deux pays de la langue de l'autre..., s'efforceront, à cette fin, de prendre des mesures concrètes en vue d'accroître le nombre des élèves allemands apprenant la langue française, et celui des élèves français apprenant la langue allemande. Le gouvernement fédéral examinera avec les gouvernements des Länder compétents en la matière comment il est possible d'introduire une réglementation qui permette d'atteindre cet objectif. Dans tous les établissements d'enseignement supérieur, il conviendra d'organiser un enseignement pratique de la langue française en Allemagne et de la langue allemande en France qui sera ouvert à tous les étudiants ».

Propagaulle

« Le dilemme est bien là pour l'historien devant de Gaulle : ou vous accordez d'entrée de jeu au personnage l'exceptionnalité absolue qu'il revendique et l'essentiel est abandonné ; ou vous la refusez et vous manquez l'essentiel. »

Pierre Nora,
« L'historien devant de Gaulle »
dans *De Gaulle en son siècle*, tome 1,
Dans la mémoire des hommes et des peuples.

Devenues célèbres, les formules de De Gaulle en langue allemande sont rapidement détournées et reprises par les comiques de l'époque. Ainsi, le 13 novembre 1963, dans l'émission de télévision intitulée *Âge tendre et tête de bois* – une émission de variétés en direction de la jeunesse – son animateur Albert Raisner établit un direct avec la ville de Munich, puis laisse la parole à l'humoriste Henri

Tisot présent sur le plateau qui, imitant le Général sans avoir besoin de le citer explicitement, lance « *Es lebe die deutsch-französische Freundschaft !* » sous les applaudissements et les rires du public.

Les dessinateurs de presse s'en donnent également à cœur joie. Les voyages du président français à l'étranger sont l'objet de nombreuses caricatures, souvent drôles d'ailleurs, montrant de Gaulle déguisé en Charlemagne (lors de sa visite en Allemagne), en conquistador (pour son périple en Amérique latine) ou encore coiffé du sombrero mexicain. Le faste avec lequel certains pays le reçoivent suscite quelques flèches acerbes venant de la presse satirique comme tend à l'illustrer ce dessin paru dans *Le Canard enchaîné* à la date du 22 juin 1966 à l'occasion de sa visite en URSS : il montre « Charles le Grandiose », à cheval et perruqué, « rendant à Moscou (1966) la visite de Pierre le Grand à Paris (1717) ». Le dessin est surmonté du titre humoristique : « Yalta est débaptisée et s'appellera Gaullograd. »

Pourtant, de façon générale, c'est davantage un discours laudatif que l'on peut lire dans la presse, les rapports des ambassadeurs ou bien encore dans les récits des protagonistes ayant accompagné de Gaulle dans ses déplacements à l'étranger. Qu'il s'agisse de la grande résistance du président français insensible à la fatigue malgré son âge (comme Pétain en son temps), de sa capacité phénoménale à mémoriser ses allocutions qu'il prononce sans aucune note (en fait de Gaulle avait une mauvaise vue) ou de la figure du *Libertador* qu'il incarne aux yeux du monde, tout concourt à créer un personnage hors du commun et à forger son mythe.

Les actualités cinématographiques de l'époque projetées dans les salles de cinéma en France participent largement de ce discours pontifiant et convenu au service du régime gaulliste, mettant en valeur, chiffres à l'appui, l'accueil triomphal que le président reçoit à chacun de ses déplacements : le voyage à Caracas est présenté comme « exceptionnel », « cinquante mille Vénézuéliens ont entouré de Gaulle d'un enthousiasme aussi chaleureux que débordant » ; à Bogota, « la foule n'a pas ménagé ses acclamations... jusqu'à quatre cent mille personnes réunis sur le passage du cortège » ; à Quito, le commentateur parle d'une « foule délirante » et d'« un séjour de vingt-cinq heures, mais vingt-cinq heures extraordinaires [1]... »

Même teneur sous la plume des proches du Président. Ainsi le journaliste Jean Mauriac à propos du séjour mexicain : lorsque de Gaulle lança sa formule « *Marchemos la mano en la mano* », « l'ovation qui monta de cette foule fut telle qu'elle évoquait un grondement de tonnerre qui allait s'amplifiant. Et

---

[1]. *Actualités françaises* du 30 septembre 1964.

cette ferveur, difficile à expliquer, redoubla jusqu'au délire lorsque de Gaulle se rendit le lendemain à l'université de Mexico[1] ». Ainsi Jean d'Escrienne, son dernier aide de camp, relatant le voyage polonais : « Les foules se sont déplacées en masse sans y être contraintes pour manifester leur admiration, avec une joyeuse et évidente ardeur, et certains "bains de foule" atteindront même un vrai délire de la part des participants polonais... En Silésie, l'accueil est extraordinaire : c'est une foule impressionnante qui crie en agitant des drapeaux français... À Katowice, de Gaulle récupère une chaussure d'une admiratrice, qui l'a perdue dans la cohue pour parvenir plus près de lui et essayer de le toucher[2] ! » Ainsi François Flohic, également aide de camp du Général, qui raconte à son tour comment quatre à cinq blessés graves furent relevés dans la foule venue acclamer de Gaulle à Cologne[3]. On pourrait multiplier les exemples...

Frénésie, ferveur, liesse, déchaînement, délire, ovation... autant d'expressions qui laissent songeur. Avons-nous affaire ici à un simple chef d'État en visite officielle à l'étranger ou s'agit-il plutôt d'un monarque capable de soigner les écrouelles, d'un messie prêchant la bonne parole et faisant des

---

1. Jean Mauriac, *Le Général et le journaliste*.
2. Jean d'Escrienne, *De Gaulle sans frontières*.
3. François Flohic, *Souvenirs d'outre-Gaulle*.

miracles, d'un pape en voyage, d'une rock star adulée de son public, d'un magicien inspiré ou d'un tribun galvanisant les foules de façon hypnotique et presque irrationnelle ?

La personnalité de De Gaulle, son charisme et ce qu'il représente alors sur la scène internationale, à la fois homme du 18 juin 1940, *Libertador* et président de la France, constituent un premier élément d'explication à ce débordement d'enthousiasme. La possibilité qui lui est offerte, par les États qui l'accueillent, de pouvoir s'adresser aux foules, soit par le biais de la télévision, soit directement à partir de lieux hautement symboliques et chargés d'histoire, témoigne des faveurs toutes particulières attachées à sa personne. Par exemple, à Mexico, l'ambassadeur Offroy rapporte que « c'était la première fois qu'un homme d'État étranger s'adressait au peuple du balcon de ce palais qui, à travers des reconstructions successives, fut la demeure des empereurs aztèques, la résidence d'Hernán Cortés et des vice-rois de la Nouvelle Espagne, et le témoin des grandes scènes de la guerre d'Indépendance et de la révolution de 1910 ; c'est de ce balcon que, le jour de la fête nationale, le président de la République s'adresse au peuple, en répétant le fameux cri poussé par le curé Hidalgo, sur le parvis de l'église de Dolores, le 15 septembre 1810, et il est certain qu'aux yeux des Mexicains un hommage sans précédent était rendu au général de Gaulle, le *Libertador,* en lui offrant cette tribune... ».

Si la stature et l'exceptionnalité du personnage confèrent à celui-ci des privilèges et des avantages hors du commun, dans quelle mesure, à l'inverse, le déploiement des moyens mis à sa disposition (protocole, décors, cortèges, mobilisation des foules, couverture médiatique…) a-t-il amplifié de façon artificielle la réalité de ses déplacements et de sa popularité à l'étranger ? La question mérite d'être posée tant il est clair que le comportement des foules s'inscrit dans un cadre grégaire et encadré, que le dispositif protocolaire et de mise en scène a pour conséquence d'exagérer les affects, qu'enfin les médias tendent à produire un effet double de loupe grossissante et de boule de neige : ainsi au Mexique, l'ambassadeur Offroy explique la montée en puissance de l'enthousiasme populaire par l'action de la télévision, de la radio et de la presse qui ont donné « la possibilité de faire connaître à tous les habitants de la ville les nombreux gestes » du Général.

Réel ou gonflé, spontané ou orchestré, cet enthousiasme supposé des foules ne peut en réalité se comprendre qu'à condition d'appréhender les voyages présidentiels comme autant de spectacles bien rodés au cours desquels les acteurs jouent chacun leur partition : attitude théâtralisée faite d'un subtil dosage de distance et de proximité chez de Gaulle ; comportements collectifs à la limite de la caricature mélangeant joie, émotion et excitation du côté du public.

Reste que dans un pays comme l'Allemagne, l'importance et l'attitude des foules, lors du passage du Général en septembre 1962, suscitèrent chez quelques observateurs avisés un certain malaise lié au triste souvenir du nazisme et aux immenses rassemblements de masse qui lui étaient associés, obligeant l'ambassadeur de France en Allemagne, Roland de Margerie, à se justifier quelques semaines plus tard : « Depuis l'époque national-socialiste et les grandes journées de Nuremberg, jamais de pareilles foules ne se sont rassemblées en Allemagne, rien ne ressemble à une foule comme une autre foule, et certaines comparaisons étaient inévitables. Encore faut-il savoir pourquoi ces foules se réunissent : c'est là le point essentiel. Il y a trente ans, les masses se mobilisaient pour fêter un démagogue qui ne visait qu'à l'emploi de la force dans tous les domaines, militaire, spirituel, religieux, éducatif – alors qu'aujourd'hui, il s'agissait d'accueillir un chef d'État étranger qui apportait des paroles de paix et de réconciliation tout en rappelant à ses auditeurs l'honneur d'être Allemands. »

Quand, en juin 1963, Kennedy effectua son déplacement triomphal à Berlin-Ouest, l'ombre de Hitler plana encore : les organisateurs refusèrent en effet de distribuer en masse des drapeaux à la population par crainte que ces fanions ne rappellent trop un des signes ostensibles du nazisme.

Le modèle

> « Hier il voulait être Jeanne d'Arc, et maintenant, il veut être Clemenceau. »
> Roosevelt à propos de
> De Gaulle, janvier 1943.

Prononcer devant la presse quelques paroles dans la langue du pays où l'on vient d'arriver constitue souvent un « passage obligé », une coutume sympathique et bon enfant pourrait-on dire. Même si la situation frise parfois le ridicule, tant les paroles formulées ne volent pas très haut et tant l'accent est généralement déplorable, on se prête de bon cœur à cette pratique, conscient du bénéfice que l'on peut en tirer en termes d'opération de séduction et de relations publiques.

Le 26 février 1962, à l'aéroport du Bourget, Robert Kennedy (le frère du président américain) débute sa conférence de presse par ces mots prononcés dans un français assez maladroit : « Bonjour, je suis très heureux d'être ici. » Original ! Trente ans plus tôt, le 22 octobre 1931, le président du Conseil Pierre Laval pose le pied sur le sol américain après une traversée en bateau de six jours. Accueilli à son arrivée à New York par l'ambassadeur de France, Paul Claudel, Laval laisse sa fille Josée – âgée de vingt ans, elle a accompagné son père en Amérique – articuler quelques paroles en anglais devant les journalistes. Là encore, l'inventivité n'est pas au rendez-vous puisque Josée Laval se contente de lancer, avec un accent déplorable : « *I am very happy to be in America.* » Paroles suffisantes en tout cas pour que la firme d'actualités cinématographiques British Movietone intègre le sujet dans un de ses journaux filmés et l'introduise par le carton : « *M. Laval and his daughter, who speaks English, are received with a typical American welcome.* » En 1954, à son arrivée à l'aéroport de Cointrin pour la conférence de Genève, un autre président du Conseil en la personne de Pierre Mendès France s'exprime en français devant les micros de la presse venue couvrir l'événement : « Je suis content de venir régler les questions d'Orient dans votre belle ville où m'attachent déjà des amis très chers. » Un journaliste lui demande s'il peut répéter en anglais ce qu'il vient de dire. « *It is too difficult for me* », répond l'intéressé avec humour !

Davantage consistantes sont les paroles tenues dans le cadre d'interviews plus longues et mieux préparées. Alors qu'il n'est encore que candidat démocrate à l'élection présidentielle américaine, John Kennedy est interrogé en septembre 1960 par le magazine français *Cinq colonnes à la une*. S'exprimant d'abord sur différents sujets politiques dans sa propre langue, le jeune Kennedy accepte de formuler – maladroitement – quelques mots en français : « C'est un grand plaisir. J'ai visité la France à beaucoup d'occasions. Je suis très heureux d'avoir cette occasion pour dire hello. »

Bien avant Kennedy, un autre spécialiste de la communication politique avait compris tout l'intérêt pour son image à se présenter sous les traits d'un chef d'État polyglotte. Il s'agit de Benito Mussolini. En mai 1927, celui-ci fait une déclaration en anglais en direction de l'opinion publique américaine devant la caméra d'un opérateur de la firme d'actualités Fox Movietone. Ce document constitue l'un des tout premiers enregistrements sonores de l'histoire du cinéma parlant. Malheureusement pour lui, Mussolini s'exprime dans un anglais déplorable, une langue qu'il ne connaissait pas. À cause de ses difficultés pour mémoriser et prononcer son texte, il fallut lui écrire son speech sur des panneaux placés près de la caméra.

Dix ans plus tard, invité en Allemagne par Hitler, le Duce réitère l'expérience, mais sous une autre forme et dans une autre langue. Le 28 septembre 1937, dans le stade olympique de Berlin réunissant des milliers de personnes, il « répondit en allemand [à l'allocution du Führer] par un discours qui avait été soigneusement préparé, mais qu'il débita à un rythme accéléré et qu'il eut beaucoup de mal à terminer, l'orage s'étant mis de la partie et la pluie rendant pratiquement illisibles les dernières feuilles du texte – si bien que pour la masse des spectateurs, la fin de la péroraison fut à peu près inintelligible [1] ».

Chez de Gaulle, l'utilisation de la langue du pays d'accueil lors de ses déplacements à l'étranger fut moins un geste médiatique destiné à flatter ou à marquer l'opinion publique qu'une pratique traduisant par le verbe sa conception des relations internationales fondée sur le droit des peuples à disposer d'eux-mêmes et sa vision d'une France ouverte sur le monde.

Pour autant, on peut raisonnablement se demander si de Gaulle n'a pas trouvé son inspiration, de près ou de loin, chez un autre homme politique... en la personne de Georges Clemenceau. Expliquons-nous. On sait que, durant toute sa vie, de Gaulle fut sensible à l'image de ce ministre de l'Intérieur puis président du Conseil de la Troisième République, de ce « Père de la Victoire » rappelé à l'âge de soixante-seize ans à la tête d'une France en guerre, de cet homme de la gauche républicaine qui

---

1. Pierre Milza, *Mussolini*.

incarna une « certaine idée de la France ». On sait ce qu'il écrivit dans *La France et son armée* : « Poincaré fut la raison de la France, Clemenceau en fut la fureur. » On sait peut-être aussi que de Londres, le 11 novembre 1941, le Général en exil interpella le Tigre : « Au fond de votre tombe vendéenne, Clemenceau, vous ne dormez pas » ; que trois ans plus tard, le 11 novembre 1944, il s'inclina devant sa statue au rond-point des Champs-Élysées ; et qu'il se rendit sur sa tombe en Vendée le 12 mai 1946...

Orateur hors pair, Clemenceau brilla par son exceptionnelle éloquence fondée sur des discours clairs – dont la substance avait été admirablement préparée – prononcés avec seulement quelques notes griffonnées comme soutien. Défenseur de la langue française, il échoua à la Conférence de la paix de 1919 à faire admettre le français comme la seule langue diplomatique, ce qu'elle était jusque-là dans les relations internationales. Les Anglo-Saxons obtinrent en effet que l'anglais fût également reconnu comme langue diplomatique officielle tant pour les débats des commissions que pour le texte des traités. Autres points communs avec de Gaulle : Clemenceau souffrit à la fin de sa vie de la prostate et fut un voyageur infatigable. En 1910-1911, il entreprit une tournée en Amérique du Sud. Accueilli avec sympathie en Argentine, en Uruguay puis au Brésil, il donna de nombreuses conférences sur le thème de la démocratie, parlant debout et sans jamais lire une note : « Pour ce qui est de la langue, aucune difficulté. Tout ce monde comprend le français, le lit, le parle comme l'orateur lui-même et marque, par ses mouvements, qu'il saisit au passage toutes les nuances du discours [1]. » Ce voyage fut aussi l'occasion pour l'ancien président du Conseil de défendre la propriété littéraire afin que des droits sur des ouvrages français traduits soient versés aux éditeurs.

Clemenceau voyagea également en Égypte et au Soudan début 1920, repartit quelques mois plus tard en Asie où il découvrit Singapour, l'Indonésie, la Malaisie, la Birmanie et l'Inde. En décembre 1918, décembre 1919 et en 1921, il traversa la Manche pour se rendre à Londres. Le 11 novembre 1922, à quatre-vingt-un ans, il partit aux États-Unis pendant plus d'un mois donner des conférences. Sur place, il visita de nombreuses villes et s'exprima en anglais devant des auditoires considérables et chaleureux : « Clemenceau s'exprimait parfaitement en anglais, ce qui contribua à son succès pendant tout ce voyage au cours duquel il multiplia les discours devant des parterres de plusieurs milliers de personnes, comme ce fut le cas dans l'immense Metropolitan Opera House » à New York. Il se rendit ensuite à Boston, parla aux étudiants de Yale à New Haven, se fit

---

1. Cité par Michel Winock dans *Clemenceau*.

applaudir à Chicago, visita la maison d'Abraham Lincoln à Springfield, discourut à l'Odéon de Saint-Louis avant de faire étape à Washington où une entrevue avec le président Harding fut organisée.

Clemenceau n'était alors pas retourné aux États-Unis depuis plus de cinquante ans. Parti là-bas en 1865, il y avait exercé pendant quelques années le métier de journaliste et de professeur de français, épousant une de ses élèves américaines dont il s'était épris. Le mariage avec Mary fut célébré à New York en 1869. Ce sont donc des raisons sentimentales qui expliquent, pour beaucoup, son intérêt du monde anglo-saxon et de la langue anglaise. Car Clemenceau avait compris qu'il est préférable de partager la langue de l'autre si l'on veut essayer de le comprendre…

La langue de l'exil

« Les difficultés de l'anglais… voilà qui me fait songer à ce mot de Charles Quint. Il disait : "On parle français aux hommes, italien aux femmes, allemand à son cheval, espagnol à Dieu." Mais qui avait jamais entendu qu'on parlât anglais ? »

Charles de Gaulle, cité par Jean Mauriac dans *Mort du général de Gaulle.*

« Maintenant que le Général parle si bien l'anglais, il comprend parfaitement mon français ! »

Churchill à de Gaulle, janvier 1944.

Chez le germaniste qu'était de Gaulle, la connaissance de la langue anglaise resta rudimentaire. Il faut dire qu'il commença à l'apprendre tardivement, à l'âge de trente-quatre ans, après son entrée à l'École de Guerre. Et s'il pratiqua l'anglais au cours de son exil à Londres pendant la Seconde Guerre mondiale, cette langue ne fut pas le fort du Général dont l'accent était assez exécrable. Comme le rapporte Pierre Maillard, « certains commentateurs malveillants ou simplement ironiques prétendirent même plus tard qu'il ne connaissait d'anglais que les mots "*how do you do*" dont il gratifiait ses visiteurs anglo-saxons à leur entrée. Notation évidemment tendancieuse, mais qui traduit aussi le fait que son enseignement de base n'avait pas été l'anglais [1] ».

Dans ses *Souvenirs d'outre-Gaulle*, l'ancien aide de camp du Général, Flohic, confirme ce sentiment. Lors de la visite d'Eisenhower à Paris en 1959, l'interprète du président américain, Dick Vernon Walters, lui relate sa rencontre avec de Gaulle durant la guerre, le 4 mars 1944, à Rocastrada en Italie. Walters était alors aide de camp du commandant en chef Clark et lui servait d'interprète, maîtrisant parfaitement le français pour avoir vécu dix ans en France au cours de son enfance. Une conversation eut lieu entre Clark et de Gaulle sur le retrait du corps expéditionnaire français en vue de son utilisation pour le débarquement en Provence. Sur la foi d'un périodique, Walters s'était convaincu que le Général ne parlait pas l'anglais et le comprenait mal. C'est ainsi qu'au cours de la conversation entre le général Clark et de Gaulle, il s'enhardit jusqu'à

---

1. Pierre Maillard, *De Gaulle et le problème allemand*.

faire des commentaires de plus en plus libres, du genre : « Le général de Gaulle vous répond ceci mais j'ai le sentiment que si vous insistez, il vous répondra cela. » Le dialogue se poursuivit jusqu'à ce que de Gaulle se lève et déclare à Clark en anglais : « *Thank you, General, you have given me all the information I require.* » Puis, se tournant vers Walters, qui sentit le sol se dérober sous lui : « *You ! You have done a good job !* » Jamais plus, conclut Walters, je ne prendrai de liberté avec ma traduction !

Si de Gaulle comprenait assez bien l'anglais mais le parlait mal, Churchill comprenait assez mal le français mais le parlait plutôt correctement, bien que dans un style très personnel, souvent drôle et imagé, baragouinant parfois. Celui-ci avait appris le français dans sa jeunesse, avant de se perfectionner suite à son mariage avec Clementine, qui avait acquis pour sa part une excellente connaissance de cette langue grâce à ses gouvernantes françaises et qui donna plus tard quelques leçons de français.

Au cours de son exil à Londres, de Gaulle rencontra à de nombreuses reprises le Premier ministre britannique qui, francophile, prit plaisir à parler en français avec lui. À l'inverse, pour marquer sa désapprobation ou établir une certaine distance, Churchill n'hésita pas à utiliser sa propre langue comme à l'occasion de leur rencontre ombrageuse du 12 septembre 1940 au 10, Downing Street. Furieux des propos hostiles tenus alors par de

Gaulle sur l'Angleterre, Churchill demanda à son secrétaire, sir John Colville, de lui servir d'interprète. Ce dernier relate dans ses *Mémoires* l'entretien entre les deux hommes :

> « *General de Gaulle, I have asked you to come here this afternoon...* [propos de Churchill] »
> Churchill s'interrompit et me regarda d'un air féroce. « Mon Général, commençai-je, je vous ai invité à venir cet après-midi... »
> « Je n'ai pas dit *Mon Général*, interrompit le Premier ministre, et je n'ai pas dit que je l'avais invité. » J'interprétai tant bien que mal les quelques phrases suivantes, en dépit de fréquentes interruptions.
> Puis ce fut le tour du général de Gaulle. Après la première phrase, il se tourna vers moi et je commençai à interpréter. « Non, non, protesta-t-il, ce n'est pas du tout le sens de ce que je disais. » Et pourtant, c'était bien cela.
> Churchill me dit alors que si je ne pouvais pas m'en tirer mieux que cela, j'aurais manifestement intérêt à trouver quelqu'un pour me remplacer. Je m'esquivai donc tout confus, et téléphonai à Nicolas Lawford, au *Foreign Office*. Son français était parfait. Il accourut, et je l'introduisis dans la salle du Cabinet – où personne n'avait prononcé un seul mot depuis mon départ. Mais en un rien de temps, il ressortit, rouge de confusion, en déclarant qu'il avait sans doute affaire à deux fous : ils lui avaient dit que son

français n'était pas bon et qu'ils allaient devoir se passer d'un interprète[1].

Ce qui fut en effet le cas. Plus tard, quand Colville revint dans le bureau, il constata que le calme et la bonne humeur étaient revenus. De Gaulle était en train de fumer l'un des cigares de Churchill et les deux hommes se parlaient en français !

Dans la famille des grands chefs d'État parlant la langue de Molière, Franklin Roosevelt tire plutôt bien son épingle du jeu. Fils unique d'une famille aisée, le futur président américain visita la France à plusieurs reprises avec ses parents et eut des gouvernantes chargées de l'initier au français. Attiré par ce pays, il s'y rendit en voyage de noces en août 1905, visitant avec sa femme Paris, Versailles puis Fontainebleau, assistant même à une pièce de théâtre, *Le Barbier de Séville*. Selon ses dires, la diction fut si bonne que « même moi je pouvais les [acteurs] comprendre ». Bien plus tard, Roosevelt fut offensé le jour où un interlocuteur lui déclara que « son français [était] aussi bon que celui de Churchill ». C'est – comme le rappelle l'historien François Kersaudy – qu'il considérait avec raison que sa

---

1. Cité par François Kersaudy dans *De Gaulle et Churchill*.

maîtrise de la langue française était infiniment supérieure à celle de Churchill.

La première rencontre entre de Gaulle et le président américain se déroule le 22 janvier 1943, rencontre qui s'inscrit alors dans le cadre de la conférence de Casablanca entre Roosevelt et Churchill visant à préparer la stratégie des Alliés après la guerre. L'entretien entre les deux hommes se passa correctement, même si de Gaulle rejeta la tentative anglo-américaine de réconciliation avec le général Giraud. Il semble que le président américain et le chef de la France Combattante aient parlé ensemble en français, du moins si l'on en croit le chef des services secrets américains : « J'avais devant moi le président des États-Unis, un infirme, en discussion animée dans une langue étrangère avec un homme parfaitement valide d'un mètre quatre-vingt-sept... »

Alors que la conférence s'achevait, de Gaulle rencontra une dernière fois Roosevelt et Churchill le 24 janvier. Furieux de constater que de Gaulle refusait de s'entendre avec Giraud et de signer un communiqué commun, le Premier ministre britannique lui lança en français : « Mon Général, il ne faut pas obstacler [*sic*] la guerre. » De Gaulle resta inflexible mais accepta néanmoins, sur la demande de Roosevelt, de se faire prendre en photo avec Giraud et de lui serrer la main à cette occasion : « *I shall do that for you* », déclara-t-il alors à Roosevelt.

En juillet 1944, soit un mois après le débarquement de Normandie, de Gaulle s'envole pour les États-Unis afin d'y rencontrer à nouveau Roosevelt. Après un voyage de trente heures à bord d'un avion mis à sa disposition par le président américain, le Général atterrit à Washington dans l'après-midi du 6 juillet. Bien décidé à jouer la carte de la diplomatie et à flatter les Américains dans leur propre langue, de Gaulle prononce dès son arrivée un bref discours en anglais : « *I am happy to be on American soil to meet president Roosevelt. I salute and pay tribute to all those American men and women who at home are relentlessly working for the war and also those brave American boys : soldiers, sailors and airmen who abroad are fighting our common enemies. The whole French people is thinking of you and salutes you, Americans, our friends. The war goes well. When the Germans and Japanese have been crushed, the world will have to be organized for freedom and peace. Our ardent desire is that the United States and France continue working together in every way as today our fighting men are marching together to the common victory.* »

(Je suis heureux d'être sur le sol américain pour rencontrer le président Roosevelt. Je salue et rends hommage à tous ces hommes et femmes américains qui, chez eux, travaillent implacablement pour l'effort de guerre, ainsi qu'à ces braves boys américains : soldats, marins et aviateurs qui, à l'étranger, combattent nos ennemis communs. Le peuple français pense à vous et vous salue, Américains, nos amis. L'issue de la guerre approche. Quand les Allemands et les Japonais auront été écrasés, il faudra organiser le monde pour la liberté et la paix. Notre plus grand désir est que les États-Unis et la France continuent de travailler ensemble, comme le font ensemble aujourd'hui nos soldats pour la victoire commune.)

Comme le souligne François Kersaudy, « c'est là une faveur insigne faite à ses hôtes, même si ceux-ci ne comprendront que partiellement les accents gaulliens de cet anglophone réticent [1] ».

Conduit à la Maison-Blanche, de Gaulle est accueilli par Roosevelt tout sourires qui s'exclame en français : « Je suis si heureux de vous voir ! » Le lendemain, lors d'un déjeuner à la Maison-Blanche, Roosevelt porte un toast... encore en français : « Il y a quelque chose concernant la France qui n'existe nulle part ailleurs au monde... C'est l'esprit de civilisation qui est cher, non seulement à nous autres, mais aussi au monde entier... Il y a un an, en janvier dernier, j'ai rencontré le général de Gaulle pour la première fois. Je suis heureux que cette fois ce soit la seconde, et il y en aura une troisième et d'autres encore... Il n'y a pas de grand problème entre les Français et les Américains ou entre le général de

---

1. François Kersaudy, *De Gaulle et Roosevelt*.

Gaulle et moi-même. Tout se règle très bien, sans exception... Je propose un toast au général de Gaulle, mon ami. »

Les quelques jours passés à Washington sont rythmés par des entretiens, des rencontres et des réceptions. De Gaulle se rend au cimetière Arlington et à l'église St Matthews, visite la maison de George Washington à Mount Vernon, rencontre le général Pershing qui, vieux et malade, lui demande des nouvelles de son « vieil ami Pétain ». Un peu surpris, de Gaulle répond : « Il va bien, je pense. »

L'apothéose du voyage a lieu le 10 juillet à New York où de Gaulle est accueilli triomphalement par le maire Fiorello La Guardia et la population. Là encore, de Gaulle prend la parole en anglais dans un accent tout personnel.

Un an plus tard, de Gaulle traverse à nouveau l'Atlantique pour rencontrer le successeur de Roosevelt décédé le 13 avril 1945. En l'espace d'un an, la situation internationale a bien évolué : la guerre a pris fin et l'Allemagne nazie a capitulé. De Gaulle a été reconnu par les États-Unis comme chef du Gouvernement provisoire de la République française (GPRF) le 23 octobre 1944, mais n'a pas été convié aux conférences de Yalta et de Potsdam réunissant les Américains, les Anglais et les Soviétiques en vue de régler les problèmes de l'après-guerre. Cette mise sur la touche s'explique par le rôle mineur joué par la France dans l'issue du conflit ainsi que par les nombreuses tensions qui, depuis 1940, affectent les relations entre de Gaulle et les Alliés.

Parti le 21 août 1945 avec Bidault, le général Juin, Palewski, Hervé Alphand, Étienne Burin des Roziers, plusieurs diplomates et un interprète, de Gaulle arrive à Washington le 22 dans l'après-midi. À peine le pied posé sur le tarmac de l'aéroport, il fait une première déclaration en anglais. Une fois de plus, de Gaulle s'exprime avec des fautes de prononciation et d'accent absolument admirables : « *On arriving in the United States, the first thing I want to say is thank you ! Without you, American people, led by your great Presidents Roosevelt and Truman, there would have been no future for Europe and for Asia, but an intolerable servitude. There would have been neither justice nor freedom for the world. There would have been no victory ! Now, we have to organize the world accordind to the principes for which we fought. It is our duty towards ourselves as it is towards all men. In this immense task, the United States have to play a leadind part. It is the earnest desire of France to unite her efforts to yours as closely as possible in a spirit of confidence and friendship ; spirit which has always bound together our two democraties and which must bind them together today more than ever. I have come here with the minister of Foreign Affairs of France to talk of all this with President Truman and his government and to bring to your country the friendly salute from my country. Long live to United States of America !* »

(Mon premier mot, en arrivant en Amérique, sera pour vous dire : merci ! Sans vous, peuple américain, sans vos grands présidents Roosevelt et Truman, il n'y aurait pas eu d'avenir pour l'Europe et l'Asie, mais une intolérable servitude. Il n'y aurait pas eu non plus de justice ni de liberté pour le monde. Il n'y aurait pas eu de victoire ! Aujourd'hui, nous avons la tâche d'organiser le monde conformément aux principes pour lesquels nous nous sommes battus. C'est notre devoir envers nous-mêmes et envers tous les hommes. Pour l'accomplissement de cette tâche, les États-Unis doivent jouer le premier rôle. C'est l'honnête et sincère désir de la France de prendre sa part des responsabilités. Ensemble, et plus que jamais, nous devons travailler. Je suis venu ici avec le ministre des Affaires étrangères de France pour parler de cela avec le président Truman et son gouvernement, et pour apporter à votre pays le salut fraternel de mon pays. Vive l'Amérique !)

Après une rencontre – qualifiée de cordiale par la presse française – avec le président Truman à la Maison Blanche, en présence de l'ambassadeur de France Georges Bonnet faisant office d'interprète, de Gaulle donne le lendemain une conférence de presse à l'ambassade de France à Washington, avant de se rendre en soirée à une fête organisée toujours à l'ambassade. Le 25, il se déplace jusqu'à Annapolis où il visite l'Académie navale et assiste à un défilé. Le lendemain, il part pour New York. De Gaulle raconte dans ses *Mémoires de guerre* : « Pour recevoir de Gaulle et les siens, New York déchaîne, alors, l'ouragan de son amitié. Nous y arrivons le 26 août, par la route… le maire, Fiorello La Guardia, prodige d'entrain et de sympathie, nous accueille à l'entrée. Le soir, après diverses cérémonies, il nous mène au *Central Park*, où Marian Anderson doit chanter *la Marseillaise*. Là, dans la nuit, vingt bras irrésistibles me poussent sur la scène de l'immense amphithéâtre. Les projecteurs s'allument et j'apparais à la foule entassée sur les gradins. Une fois passée la vague des acclamations et quand la voix admirable de la cantatrice a terminé notre hymne national, je lance, de tout cœur, mon salut à la grande cité. » Suit un défilé triomphal à travers la ville le 27 : « Le parcours de Broadway se déroule au milieu d'un indescriptible déferlement de "*Long live France !*" – "de Gaulle ! Hurrah !" – "Hello, Charlie !" sous les épais nuages de morceaux de papier lancés de 100 000 fenêtres. » Puis c'est Chicago le 28 : « Par différence avec New York, la ville n'est pas orientée vers l'Europe et sa population provient des pays les plus divers du monde. "Ici, me dit le maire Edward Kelly, vous serez acclamé en 74 langues." »

Un rapport français daté du 29 août 1945 dresse un bilan plutôt positif de ce voyage outre-Atlantique : « Le général de Gaulle a comme lors de son premier voyage aux États-Unis bénéficié de la popularité de la France et de celle que lui vaut sa réputation d'intégrité. La phrase "Amérique, merci !" n'a pas provoqué au sein des masses américaines la réaction d'amour-propre satisfait que l'on croit en France. Par contre, le Général a été plus souriant qu'à l'accoutumée et ce fait en apparence insignifiant, a eu une excellente répercussion auprès de l'opinion. » En réalité, les manifestations d'amitié et les sourires de part et d'autre cachent mal le désaccord opposant les deux pays quant au sort de l'Allemagne. Truman songe à réintégrer le pays vaincu dans le concert des nations, objectif que refuse de Gaulle pour qui la sécurité de la France exige son démantèlement.

En avril 1960, ce n'est plus comme chef du GPRF mais en tant que président de la République française que de Gaulle effectue un voyage officiel aux États-Unis. Deux semaines plus tôt, il s'est rendu en Angleterre pour rencontrer notamment la reine Elisabeth II qui parle parfaitement le français et presque sans accent. Le 22 avril, de Gaulle est accueilli par Eisenhower à l'aéroport de Washington. Prononçant sur le tarmac quelques paroles en français, le Général rappelle qu'il n'est pas venu dans ce pays depuis quinze ans et qu'il est ici « à l'invitation d'un cher et illustre ami ». Ajoutant avec humour : « C'est une preuve, après beaucoup d'autres, qu'on ne résiste pas au président Eisenhower. » Ce dernier lui remet symboliquement les clés de la ville, ce à quoi de Gaulle répond « *Thank you* », puis en français : « Alors, comme ça, je peux entrer chez vous ? »

Hormis quelques « *Thank you* », « *Good morning* » et « *It's a pleasure* » distribués par-ci, par-là, de Gaulle ne s'exprima pas en anglais au cours de ce voyage, que ce soit à Washington, à San Francisco ou à La Nouvelle-Orléans. Ce qui ne fut pas sans poser quelque problème d'ailleurs. Ainsi, le 25 avril, de Gaulle prononça un assez long discours en français devant les deux Chambres du Parlement réunis au Capitole : les sénateurs et les représentants américains ne comprenant pas, pour la plupart, un traître mot de français, il fallut distribuer en toute hâte une traduction du discours du président.

Ce non-recours à la langue anglaise dans aucune de ses interventions fut probablement moins la conséquence d'un accent assez calamiteux qu'un acte délibéré, un geste politique en somme. Comme pour montrer son rejet de la langue de l'exil, et par là même, laver les insultes passées et se débarrasser de l'amertume pour la manière dont l'ont traité ses Alliés anglo-saxons pendant la guerre. Comme pour lutter aussi contre l'emprise, chaque jour un peu plus grande, de cette langue à travers le monde... Une langue qui, au dire de de Gaulle, aurait même fini par contaminer les diplomates français : « Parfois nos diplomates, et pas toujours les moindres, ont hérité de deux Républiques une habitude d'alignement sur les Anglais et les Américains jusqu'au reniement de nos mœurs et coutumes françaises, voire de notre langue ; il est de bon ton d'adopter le style de vie, les horaires, jusqu'aux manies de leurs collègues britanniques ou américains, de se mettre à ne plus parler qu'anglais. Oui ! Même entre eux, il y en a qui éprouvent le besoin de parler anglais[1] ! »

Cette omission lui fut d'ailleurs en partie utile puisqu'à San Francisco, de Gaulle se trompa en lançant en français à la foule un « Vive Chicago ! », aussitôt traduit et corrigé par son interprète Jean Béliard en un « Vive San Francisco ! ».

Plus tard, se tournant vers celui-ci, de Gaulle lui dira : « Vous m'avez corrigé...Vous aviez raison. Pourquoi ai-je dit "Vive Chicago" ? Peut-être est-ce de votre faute ? » Sourire du Général...

---

1. Cité par Anne Rouanet dans *Les Trois Derniers Chagrins du général de Gaulle*.

Conclusion

> « Les peuples ne changent pas. Ils ne meurent pas... ils restent eux-mêmes avec leurs caractéristiques propres, avec leur tempérament collectif, avec leur âme. Ils peuvent vivre aussi longtemps que l'olivier. »
>
> Charles de Gaulle

À propos du discours que de Gaulle prononça en espagnol sur la place de Mexico, le billettiste du *Monde* Robert Escarpit écrit : « Du Buisson ardent au matin de Pentecôte, le don des langues a toujours été la marque des hommes inspirés. Encore faut-il savoir s'en servir. C'est un fait que notre Général est expert en la matière. Après avoir conquis l'Allemagne en lui parlant la langue de Goethe, le voici qui conquiert le Mexique en lui parlant la langue de Sor Inès de la Cruz et Alfonso Reyes. Je dis Sor Inès de la Cruz et Alfonso Reyes et non Lope de Vega ou

Cervantes, car les oreilles exercées auront reconnu dans la harangue du Zocalo de Mexico une version gaullienne du plus pur accent mexicain. On travaille vraiment le détail à l'Élysée. Et c'est très bien ainsi. Grâces soient rendues au général de Gaulle d'avoir compris qu'on n'exerce pas l'universalité de la langue française en lui conférant une orgueilleuse exclusive, qu'on va au cœur des peuples en leur parlant leur langue et que, de nos jours, se montrer linguiste, même quand on ne l'est pas, est la vraie politesse des gouvernants [1]. »

En lisant ces quelques lignes, on a du mal à croire que Robert Escarpit, observateur avisé de la vie politique et fin connaisseur de la linguistique, n'ait vu dans les prises de parole en langue étrangère du président français qu'une simple marque de déférence en direction des peuples venus à sa rencontre lors de ses déplacements de par le monde. Si déférence il y eut, celle-ci ne forma que la couche superficielle d'une démarche plus complexe à caractère populaire, médiatique et politique.

Les « langues du Général » constituèrent d'abord un extraordinaire outil pour nouer le contact, entraîner l'adhésion, favoriser la considération, marquer les esprits et les imaginaires. En parlant de la sorte au cœur et en s'adressant à l'affectivité des peuples, de Gaulle s'imposa comme une figure

---

1. *Le Monde*, 19 mars 1964.

paternelle et rassurante qui redonne confiance et suscite l'espérance. Ce geste répété d'un voyage à l'autre, presque fétichiste, cette pratique du « podium » ou du « balcon » soutenu par un talent oratoire hors pair, de Gaulle s'y prêta avec plaisir comme en témoignent les nombreuses images tournées alors par la télévision ou les actualités françaises.

Qu'importe la quantité de travail nécessaire à l'apprentissage éphémère de ces langues : ses efforts furent payés en retour. Car si les bilans politiques de ses voyages furent assez maigres, si les échanges avec les dirigeants locaux ne furent pas décisifs, de Gaulle réussit chaque fois à transporter les foules, à se faire remarquer et à se démarquer.

Surtout, ces tentatives linguistiques furent autant d'habiles coups médiatiques. Conscient du fait que celles-ci seraient reprises par les journalistes et les médias toujours friands de formules chocs, de Gaulle sut habilement en tirer profit pour assurer à ses visites un grand retentissement publicitaire qui servit, au final, le rayonnement de la France dans le monde.

Puissant moyen de communication marquant les cœurs, les esprits et les imaginaires, les « langues du Général » représentèrent également une arme politique de premier ordre. En effet, le recours à l'espagnol ou au polonais ne se réduisit pas à un simple habillage formel des discours du président français, mais porta en lui-même un véritable message en conformité avec ses principes : le primat des peuples et des nations sur les régimes et les idéologies ; l'importance de la langue comme fondement de l'identité nationale ; la nécessité pour chaque peuple d'être libre de son destin, donc de s'affranchir des hégémonies qui le menacent ou le dominent. Lorsque de Gaulle s'exprima en polonais ou en roumain, il honora certes les Polonais et les Roumains, mais les exhorta surtout à rejeter la tutelle soviétique. De même, ses discours en espagnol en Amérique latine ou sa déclaration d'amitié « *Marchemos la mano en la mano* » au peuple mexicain furent clairement dirigés contre l'impérialisme de l'Oncle Sam sur le continent américain et l'emprise de l'anglais sur ces pays. Geste de paix, d'amitié et d'ouverture sur le monde, la pratique du multilinguisme fut avant tout, chez de Gaulle, une arme de lutte sur le terrain politico-culturel contre toute hégémonie, et en premier lien contre l'hégémonie dominante incarnée par les États-Unis et la langue anglaise.

Le cas de l'Allemagne reste quelque peu à part : d'abord parce que la langue allemande fut la seule que de Gaulle maîtrisait, bien d'ailleurs. Ensuite parce que ses nombreuses prises de parole dans la langue de Goethe visèrent avant tout à marquer, avec force et de façon symbolique, la réconciliation des peuples allemand et français après tant d'années de haine et de conflit. Encore que cette politique de réconciliation ne fut pas dénuée d'arrière-pensées : la création d'un axe Paris-Bonn fut destinée à rendre la France plus indépendante de Washington et à la mettre à la tête d'une Europe occidentale à la fois autonome et libre de son destin, conformément à l'idée selon laquelle « nous avons procédé à la première décolonisation jusqu'à l'an dernier. Nous allons maintenant passer à la seconde. L'Europe occidentale est devenue, sans même s'en apercevoir, un protectorat des Américains [1] ».

Les résultats furent-ils à la hauteur des ambitions ? Pas vraiment au dire de certains historiens (des mauvaises langues ?) pour qui de Gaulle fut impuissant, au cours de sa présidence, à se faire véritablement entendre sur la scène internationale, à imposer ses idées, à rendre audible la voix de la France autrement qu'en faisant du bruit. Bref, à les écouter, de Gaulle aurait été incapable d'infléchir le cours des choses tel que briser la logique des blocs ou résister de manière féconde à l'influence américaine. La politique gaullienne n'aurait été en somme qu'un magistère du verbe, ne permettant à la France d'assurer autre chose qu'une fonction tribunitienne.

Si l'on observe le fossé séparant les déclarations et les moyens, les discours et les effets, les voyages de De Gaulle à l'étranger peuvent donner le sentiment

---

1. Déclaration de De Gaulle à ses ministres.

d'avoir participé à cette politique de la poudre aux yeux, et les « langues du Général » d'avoir fait illusion. En revanche, si l'on ne juge pas sa politique aux (seuls) résultats obtenus, on retiendra d'abord un style unique, fait d'audace, de surprise et de bluff. Un style libre, décomplexé et indifférent au qu'en-dira-t-on. Un style dans lequel sa « polyglottie », loin de le trahir, cadra parfaitement avec sa personnalité anticonformiste.

Après de Gaulle, ses successeurs s'essayèrent à la polyglottie en politique, mais avec le talent et la magie en moins. En octobre 1979, Valéry Giscard d'Estaing prononça quelques paroles en allemand au cours d'un voyage effectué à Berlin. Quatre ans plus tard, Jacques Chirac, alors maire de Paris, visita à son tour la ville où, sur les conseils de l'interprète Paul Falkenburger, il déclara considérer le mur de la honte « *als war's ein Stuck von mir* » (comme si c'était l'un de mes membres). Malheureusement pour lui, comme cette phrase ne figurait pas dans les textes remis à la presse, l'effet recherché passa pratiquement inaperçu. Devenu président, Chirac eut plus de succès avec la langue anglaise, que ce soit en Israël lorsqu'il s'emporta contre une sécurité trop pressante devant les caméras du monde entier, ou aux États-Unis après les événements du 11 septembre 2001 (il apporta son soutien au maire de New York et à la population américaine en se rendant sur place),

CONCLUSION

où il s'exprima en anglais dans un discours assez émouvant.

Plus récemment encore, Nicolas Sarkozy lança quelques mots en allemand à la Porte de Brandebourg le 9 novembre 2009. Mais là encore, pas de chance : malhabile avec la langue de Goethe, le président se trompa en prononçant « *Wir sind Bruer, wir sind Berlin* » (nous sommes bouillon, nous sommes Berlin) au lieu de « *Wir sind Bruder, wir sind Berliner* » (nous sommes frères, nous sommes des Berlinois). Qui plus est, ce dernier ayant affirmé, photo à l'appui, qu'il se trouvait à Berlin le 9 novembre 1989 lors de la chute du mur – une version contestée par certains journalistes – *Le Canard enchaîné* s'engouffra dans la brèche en titrant sa une du 12 novembre 2009 : « *Ich bin ein Baratineur !* »

Comment finir par la fin

« On mesure l'humanité d'un homme au nombre de langues qu'il parle. »

Proverbe slovaque

Comme le rappelle justement Renée Balibar dans *De Gaulle, la langue et l'État*[1], il est émouvant de constater que de Gaulle s'est délibérément exposé à perdre le pouvoir en présentant une refonte « régionaliste » des institutions françaises sous forme d'un référendum. À cette occasion, il prononce à Quimper ce qui sera son dernier discours public, le dimanche 2 février 1969, à 11 h 30, place de la Résistance. Au cours de celui-ci, de Gaulle insère quelques vers de breton d'un poème composé par son oncle, Charles de Gaulle, cent cinq ans plus tôt...

---

1. Publié dans *De Gaulle en son siècle*, tome VII, *De Gaulle et la culture*.

« *Va c'horf zo dalc'het*
Med daved hoc'h nij va spered
Vel al labous, a denn askel
Nij da gaout he vreudeur a bel. »

(Mon corps est retenu, mais mon esprit vole vers vous comme l'oiseau à tire-d'aile vole vers ses frères qui sont au loin).

… comme un ultime hommage à cet homme qui avait appris plusieurs langues celtiques dont le breton qu'il utilisait comme langue maternelle.

Sources

Archives :

Archives de l'Institut national de l'audiovisuel (INA) :
Archives audiovisuelles de l'ORTF et des Actualités Françaises portant sur les voyages de De Gaulle à l'étranger (sujets divers, extraits de journaux télévisés, reportages...).

Archives du Quai d'Orsay – Ministère des Affaires étrangères (MAE) :
Fonds Protocole (C) :
563 (Allemagne, 1962)
566-567 (Amérique latine, 1964)
568 (Mexique, 1964)
569 (Venezuela, 1964)
570 (Colombie, 1964)
571 (Équateur, 1964)
572 (Pérou, 1964)
573 (Bolivie, 1964)
574 (Chili, 1964)
575 (Argentine, 1964)

576 (Paraguay, 1964)
577 (Uruguay, 1964)
578-579 (Brésil, 1964)
580-581 (URSS, 1966)
585, 588 et 589 (Pologne, 1967)
590 (Roumanie, 1968)
591-592 (Turquie, 1968)

Fonds Amérique, 1964-1970, Mexique, cartons 48, 49 et 50
Fonds Europe, Pologne, cartons 380 et 381

Archives nationales :
CARAN :
  3AG 1 288 (États-Unis, 1944)
  3AG 4 :
  8 (Allemagne, 1945)
  11 (États-Unis, 1945)
  63 (Allemagne, 1945)
  72 (Moscou, 1944 ; États-Unis, 1945)
  96 (États-Unis, 1945)
5AG 1 :
  400 (Angleterre, 1960)
  401-404 (États-Unis, 1960)
  405 (RFA, 1962)
  409-411 (Mexique, 1964)
  412-418 (Amérique latine, 1964)
  420-422 (URSS, 1966)
  439-441 (Canada, 1967)
  442-445 (Pologne, 1967)

446-448 (Roumanie, 1968)
449-450 (Turquie, 1969)
542 (Bretagne, 1968)
567 (voyage d'Eisenhower en France, 1959)
579 (voyage de Kennedy en France, 1961)

Archives contemporaines, site de Fontainebleau :
860020 MI 31000 31 (Mexique, 1964)
860020 MI 31003 34, 35 et 36 (Amérique latine, 1964)
860020 MI 31011 42 (URSS, 1966)
860020 MI 31 012 43 (Pologne, Canada, 1967)
860020 MI 31015 46 (Roumanie, 1968 ; Turquie, Bretagne, 1969)

Entretiens :

Michel Onfrol
Mihai Sturdza

Sources imprimées :

Le Canard enchaîné
Le Monde

Bibliographie

Œuvres de Charles de Gaulle :
Le Fil de l'épée, Paris, Plon, 1971.
Mémoires de guerre : L'Unité (1942-1944), Le Salut (1944-1946), Paris, Plon, 1956 et 1959.
Discours et messages : Pendant la guerre (1940-1946) ; Dans l'attente (1946-1958) ; Avec le renouveau (1958-1962) ; Pour l'effort (1962-1965) ; Vers le terme (1966-1969), Paris, Plon, 1970.
Lettres, notes et carnets : 1961-1963 ; 1964-1966 ; 1966-1969, Paris, Plon, 1986.

Ouvrages, articles, travaux :
BINOCHE Jacques, « La formation allemande du général de Gaulle », *Études gaulliennes*, tome 5, numéro 17, janvier-mars 1977.
BRETON Philippe, *La Parole manipulée*, Paris, La Découverte, 2000.
CHANTRIAUX Olivier, *De Gaulle et la diplomatie par l'image*, Bry-sur-Marne, INA, 2010.
COUVE DE MURVILLE Maurice, *Une politique étrangère 1958-1969*, Paris, Plon, 1971.

DAUM Andreas W., *Kennedy in Berlin*, Washington, German Historical Institute, 2008.

De Gaulle en son siècle : tome I, *Dans la mémoire des hommes et des peuples* ; tome IV, *La sécurité et l'indépendance de la France* ; tome V, *L'Europe* ; tome VI, *Liberté et dignité des peuples* ; tome VII, *De Gaulle et la culture*, Paris, La Documentation française, Plon, 1991-1992.

DÉLOYE Yves, HAROCHE Claudine, IHL Olivier, *Le protocole ou la mise en forme de l'ordre politique*, Paris, L'Harmattan, 1996.

DEREYMEZ Jean-William, IHL Olivier, SABATIER Gérard (dir.), *Un cérémonial politique, les voyages officiels des chefs d'État*, Paris, L'Harmattan, 1998.

Dictionnaire De Gaulle, sous la direction de Claire Andrieu, Philippe Braud et Guillaume Piketty, Paris, Laffont, 2006.

Documents diplomatiques français, années 1962, 1964, 1966, 1967 et 1968.

ESCRIENNE Jean D', *De Gaulle sans frontières*, Paris, Thélès, DL 2007.

FALKENBURGER Paul, *« Ich bin ein Berliner »*, *Berlin, Paris, Bonn : la voix d'un interprète*, en collaboration avec Corinne Defrance, Paris, Éditions Christian, DL 2006.

FLOHIC François, *Souvenirs d'outre-Gaulle*, Paris, Plon, 1979.

GAULLE Philippe DE, *De Gaulle mon père, entretiens avec Michel Tauriac*, Paris, Plon, 2003 et 2004.

HAGÈGE Claude, *Le français, histoire d'un combat*, Paris, éditions Michel Hagège, 1996.

JACKSON Julian, *De Gaulle. Au-delà de la légende*, Paris, Alvik éditions, 2004.

JAUVERT Vincent, *L'Amérique contre de Gaulle : histoire secrète, 1961-1969*, Paris, Le Seuil, 2000.

KASPI André, *John F. Kennedy : une famille, un président, un mythe*, Bruxelles, éd. Complexes, 2007.

KERSAUDY François, *De Gaulle et Churchill*, Paris, Plon, 1982.

KERSAUDY François, *De Gaulle et Roosevelt : le duel au sommet*, Paris, Perrin, 2004.

KUSTERER Hermann, *Le Général et le Chancelier*, Paris, Economica, 2001.

LACOUTURE Jean, *De Gaulle, 3, Le Souverain : 1959-1970*, Paris, Éd. du Seuil, 1986.

LACROIX Bernard, LAGROYE Jacques (dir.), *Le Président de la République : usages et genèses d'une institution*, Paris, Presses de Sciences Po, 1992.

LALOY Jean, « À Moscou entre Staline et de Gaulle », *Revue des études slaves*, T54, institut d'études slaves, 1982 ; Yalta, 1988.

LUSSET Muriel, *La politique extérieure du général de Gaulle à l'égard du Mexique et les relations franco-mexicaines de 1962 à 1968*, mémoire de maîtrise, Histoire, Paris I, 1992.

MAILLARD Pierre, *De Gaulle et le problème allemand : les leçons d'un grand dessein*, Paris, François-Xavier de Guibert, 2001.

MAURIAC Jean, *Mort du général de Gaulle*, Paris, Grasset, 1999.

MAURIAC Jean, *Le Général et le journaliste*, Paris, Fayard, 2008.

OLIVESI Stéphane, *Histoire politique de la télévision*, Paris, L'Harmattan, 1998.

OLLIVIER Jean-Paul, *De Gaulle et la Bretagne*, Paris, France-Empire, 1987.

PEYREFITTE Alain, *C'était de Gaulle*, tomes I et II, Paris, Fayard, 1994-1997.

PUTHOD Pascale, *La mise en scène des voyages à l'étranger du président Kennedy*, mémoire de maîtrise, Histoire, Paris X, 1995.

RENAUD Isabelle, *La visite du général de Gaulle en Pologne, un sommet au déclin de deux règnes*, mémoire de maîtrise, Histoire, Paris IV, 1999.

REVEL Jean-François, *Le style du Général*, Bruxelles, éd. Complexes, 1988.

REY Marie-Pierre, *La tentation du rapprochement, France et URSS à l'heure de la détente, 1964-1971*, Paris, Publications de la Sorbonne, 1991.

RIOUX Jean-Pierre, *De Gaulle : la France à vif*, Paris, L. Levi, 2000.

ROUANET Anne, *Les Trois Derniers Chagrins du général de Gaulle*, Paris, Grasset, 1980.

ROUSSEL Éric, *Charles de Gaulle*, volume II, Paris, Perrin, 2007.

STOLOJAN Sanda, *Avec de Gaulle en Roumanie*, Paris, l'Herne, 1991.

VAÏSSE Maurice, *La Grandeur. Politique étrangère du général de Gaulle, 1958-1969*, Paris, Fayard, 1998.

WINOCK Michel, *Clemenceau*, Paris, Perrin, 2007.

Table

Introduction	11
Fort comme un Turc	17
La sœur latine	29
Libre parole et langue de bois	41
Opération séduction	49
De Gogol à de Gaulle	59
Défense et illustration de la langue française	77
Vers le Nouveau Monde	85
Correspondances diplomatiques	91
Tirer la langue	99
Le discours amoureux du balcon	119
Se démarquer	133
Surpasser	143
L'allemand de De Gaulle	149
Un voyage de star	155
Le discours le plus long	167
Courroie de transmission	175

Joindre la parole au geste 179
Propagaulle 185
Le modèle 193
La langue de l'exil 201
Conclusion 217
Comment finir par la fin 225

Sources 227
Bibliographie 231

Pour l'éditeur, le principe est d'utiliser des papiers composés de fibres naturelles, renouvelables, recyclables et fabriquées à partir de bois issus de forêts qui adoptent un système d'aménagement durable.
En outre, l'éditeur attend de ses fournisseurs de papier qu'ils s'inscrivent dans une démarche de certification environnementale reconnue.

*Ce volume a été composé par Facompo
et achevé d'imprimer
en octobre 2010
sur Roto-Page
par l'Imprimerie Floch à Mayenne
pour le compte des éditions Lattès
17, rue Jacob
75006 Paris*

N° d'édition : 01 – N° d'impression : ●●●●●●/●
Dépôt légal : octobre 2010
Imprimé en France

www.ingramcontent.com/pod-product-compliance
Lightning Source LLC
Chambersburg PA
CBHW051640230426
43669CB00013B/2373